# LE DESTIN PARALLÈLE

# Du même auteur

CONFIDENCES D'UN VOYANT, Éditions Hachette, 1971. Réédité aux Éditions J. Grancher, 1977.

RÉVÉLATIONS, Éditions J. Grancher, 1974.

25 ANS À VIVRE, Éditions J. Grancher, 1976.

L'AMOUR AU 6ᵉ SENS, Éditions J. Grancher, 1979.

PROPHÉTIES JUSQU'À LA FIN DU SIÈCLE, Éditions J. Grancher, 1982.

LES MANIPULATEURS DU DESTIN, Éditions J. Grancher, Paris, 1985.

LE POUVOIR ET LE DESTIN, Éditions J. Grancher, Paris, 1986.

Mario de Sabato

# Le destin parallèle

Stock

Si vous souhaitez être tenu au courant de la publication de nos ouvrages, il vous suffira d'en faire la demande aux Éditions STOCK, 103, boulevard Saint-Michel, 75005 Paris. Vous recevrez alors, sans aucun engagement de votre part, le bulletin où sont régulièrement présentées nos nouveautés que vous trouverez chez votre libraire.

Demain va se lever une aurore
nouvelle
Dans un ciel dégagé des terreurs
des Poissons;
Le Verseau répandra sa douceur
fraternelle
Et les hommes enfin se verront tels
qu'ils sont!

MARIO DE SABATO

# A la rencontre du Verseau

Depuis plus de vingt mille ans, l'humanité attend l'ère promise, celle qui lui apportera la paix car un nouvel esprit philosophique fait de sagesse, de désir d'harmonie et de sens de la compassion régnera sur la planète. La voici enfin qui s'annonce. Dans peu d'années, nous entrerons dans l'ère du Verseau. L'âge d'or, qui, pour la mémoire des Grands Anciens, évoquait un passé révolu, sera dès lors de retour. L'ère des Poissons, génératrice de tous les maux que les humains subissent depuis tant de siècles, achève en effet sa sinistre carrière. C'est cette ère qui, depuis deux mille ans, a été responsable des conflits, des révolutions, de la violence généralisée. L'ère du Bélier qui l'avait précédée ne lui cédait en rien en agressivité, en intolérance, en infamies. Aussi loin que notre pensée peut envisager l'histoire des hommes, elle ne voit qu'injustices, souffrances, tortures et meurtres. Toutes les générations qui se sont succédé depuis quatre mille ans, sans en excepter la nôtre, ont laissé de leur passage une immense trace sanglante.

Pour ceux qui ne sont pas familiers des lois astrologiques, je précise qu'une ère zodiacale dure deux mille ans. Le zodiaque comportant douze

signes, il faut donc vingt-quatre mille années pour
qu'il accomplisse un tour complet. Je précise aussi
que le passage d'une ère à une autre ne s'effectue
pas brusquement mais progressivement. L'ère proche du Verseau placée sous une constellation favorable fait déjà sentir ses effets. Nous pouvons fonder
sur elle les plus grands espoirs, d'autant que le
Capricorne qui la suivra renforcera pour vingt siècles encore son influence bénéfique.

Les sceptiques ne manqueront pas de sourire : un
avenir aussi lointain n'intéresse guère, penseront-ils.
Ce en quoi ils se trompent car les ères ne se
succèdent pas brusquement. Pendant un certain
temps, elles se chevauchent. Les Poissons aujourd'hui terminent leur cycle, tandis que le Verseau
entre dans le sien. De même qu'un historien a
démontré qu'en France le XX$^e$ siècle n'a réellement
commencé qu'en 1914, je peux affirmer que la
constellation des Poissons perd peu à peu de son
influence nocive tandis que commencent à monter
dans notre ciel les étoiles amicales du Verseau. Au
cours de ce passage, qui a commencé à quelques
mois près en 1976, et qui sera totalement accompli
en 1997, nous avons subi et nous allons subir les
derniers soubresauts des puissances de l'horreur et
de la peur. Comme je l'ai prédit dans mes précédents
ouvrages, de nouveaux conflits sont encore à venir.
La troisième guerre mondiale est déjà commencée.
Elle se camoufle sous les aspects les plus divers :
actes terroristes, assassinats de hautes personnalités,
combats meurtriers sur des champs de bataille loca-
lisés, déstabilisation sournoise des nations démocratiques. Cette guerre larvée sera déclarée très pro-
chainement si les pays libres n'arrivent pas à unir
leurs énergies et à opposer un front commun à
l'ennemi. Heureusement, comme je l'ai vu et annon-

cé, ce conflit ne sera pas atomique. C'est à l'approche de l'ère du Verseau que nous le devrons car son influence empêchera au dernier instant le geste fatal, le doigt qui appuierait sur le bouton rouge pour déclencher l'apocalypse. Les dirigeants des puissances belligérantes seront à leur insu retenus d'aller jusqu'au bout de leur folie meurtrière.

Cela n'empêchera pas la violence de menacer encore nos existences. Abus, oppressions, attentats aveugles, crimes de sang seront, hélas, pendant quelques années encore le lot de notre vie quotidienne. Mais plus près nous nous trouverons de 1997, moins nous aurons à les redouter. La troisième guerre mondiale ne sera plus alors qu'un mauvais souvenir.

Au cours des années qui nous séparent de cette date cruciale, parallèlement une transformation s'opérera dans le cœur des hommes. Tous, à des degrés divers, tendront vers plus de sérénité intérieure. Bien entendu, ce changement sera surtout sensible chez les enfants et les jeunes gens nés au cours de cette période car la violence, tout en s'affaiblissant, restera présente chez leurs aînés, ceux qui, comme nous, sont nés sous la constellation des Poissons. Nous serons, c'est certain, de plus en plus amenés à refouler cette tendance maligne, mais que nous en soyons conscients ou non, nous sommes plus ou moins marqués du signe de la Bête.

La violence, voilà notre vrai péché originel.

La conséquence de cet état de choses va être un bouleversement social. Pour la première fois dans l'histoire de l'humanité, la sagesse ne sera plus l'apanage des adultes et des vieillards mais celui des êtres les plus jeunes. Ce sont leurs forces neuves qui mettront définitivement la guerre hors la loi. Ce sont elles qui jetteront les bases d'un monde meilleur. Ne confondons pas cette jeunesse à venir avec celle d'aujourd'hui qui milite pour le pacifisme. Il y a chez cette dernière un fond de sincérité mais aussi beaucoup d'aveuglement car elle n'a pas conscience d'être manipulée. Ces égarés croient se mettre au service du Bien alors qu'en fait ils font partie à leur insu d'un plan machiavélique. Ils sont manœuvrés pour affaiblir la volonté de résistance du monde libre.

Il en ira tout autrement avec la jeunesse future. A l'Est comme à l'Ouest, les enfants du Verseau désireront viscéralement la paix. Ce désir sera chez eux à l'état naturel. Ils ne pourront même pas comprendre que dans le passé, c'est-à-dire dans notre temps à nous, l'homme ait pu chercher à opprimer son prochain, qu'il se soit réjoui de sa souffrance et de sa mort.

Je pense que la prédiction que je fais ici est l'une des plus importantes qu'il m'ait été donné de faire. Il fallait que je délivre ce message d'espoir à mes contemporains.

A leur tour, ils sont en droit de me demander ce que cette profonde mutation va apporter concrètement et dans l'immédiat à leur destin individuel. Comment l'approche du Verseau opérera-t-elle des changements dans leur vie intime, sociale, familiale, amoureuse? Sur un autre plan, en quoi l'avènement d'une ère nouvelle influera-t-elle sur la vie des nations et sur celle de notre planète?

C'est pour tenter d'apporter une réponse à chacune de ces questions que j'ai entrepris d'écrire ce livre.

# Première Partie

# L'homme
# et
# son destin parallèle

Chacun choisira donc sa vie et son
chemin
N'ayant d'autre conseil que la voix
personnelle
Qui lui murmurera comment agir
demain
Lui livrant les secrets du destin parallèle...

M. d. S.

# 1

# Le destin n'est plus une fatalité

Quand s'engage sous les murs de Troie le combat mortel entre Hector le Troyen et le Grec Achille aux pieds légers, Zeus lui-même, le dieu des dieux, ne sait pas quelle en sera l'issue. Son désir profond est qu'Hector qui l'a honoré de tant de sacrifices soit le vainqueur. Zeus consulte les Parques qui pèsent dans leur balance les destinées des deux combattants. Verdict impitoyable de ces souveraines de la destinée, le Troyen doit absolument être tué par le Grec. Zeus, bien que maître du monde, ne peut s'y opposer et dès ce moment Apollon, le génie gardien d'Hector, est obligé d'abandonner son protégé. De la mort d'Hector dépendent en effet la ruine de Troie et la naissance de Rome.

Ainsi Homère voyait-il le sort des nations et des hommes, fixé à tout jamais dès l'origine des temps par des lois immuables. Après les poètes, les philosophes, depuis des milliers d'années, ont pensé que les vies étaient semblables à celles des héros de *L'Iliade*, prises dans un engrenage fatal dont chaque mouvement était décrété à l'avance. C'est cette prédestination qui permettait aux voyants dignes de ce nom de déchiffrer les pages inédites du grand livre de l'avenir. Le destin leur apparaissait comme une fatalité qui laissait une place infime au libre arbitre. Le rôle du voyant jusqu'à présent se limitait alors à constater ce qui allait arriver à son interlocuteur et il ne disposait que d'une faible marge pour lui faire éviter tel ou tel événement. Dans ces conditions il peut sembler bizarre que, grâce à la voyance, bien des catastrophes aient pu être épargnées à tant de femmes et à tant d'hommes. Les témoignages de ces réussites abondent. Ce phénomène paraît contradictoire. Il est très simple à expliquer. Quand un voyant disait par exemple à un consultant : « Vous risquez un accident d'avion dans telle ou telle circonstance » et qu'ainsi avertie, cette personne tenait compte de cette prédiction, évitait de prendre l'avion, qui s'écrasait au sol, son destin avait-il changé? On est tenté de répondre oui, alors qu'en réfléchissant, chacun comprendra que non. Il était écrit dans le destin du consultant qu'il interrogerait le voyant avant ce voyage et qu'il écouterait ses avis. Ce qui n'avait, hélas, pas été le cas des autres passagers. Le voyant lui-même faisait partie de la trame d'existence de celui qui venait se confier à lui. Il était un élément de son destin.

Le schéma que je viens de tracer est celui que j'ai rencontré à de très rares exceptions près au cours des quinze premières années de ma carrière. Quand je parle d'exceptions, je veux dire que, de loin en loin, j'avais déjà constaté comme une bifurcation dans l'avenir de telle ou telle personne. Comme si deux routes allaient s'offrir à elle à un moment donné de son existence. Une route très nette, celle du destin principal, et une autre floue, moins marquée, en filigrane, qui semblait lui offrir la possibilité d'une orientation nouvelle. J'essayai d'approfondir cette vision et j'y parvins dans quelques cas. Ce phénomène m'étonnait. Aussi décidai-je de l'étudier d'autant plus profondément qu'à partir des derniers mois de 1975, il apparut à diverses reprises pour devenir de plus en plus fréquent. Il ne s'agissait plus de cas isolés. L'exception avait tendance à devenir la règle. Chez mes consultants aujourd'hui, rares sont ceux qui n'offrent pas à ma vision une alternative à leur tracé de vie principal, destin que je nomme d' « hérédité cosmique » car, selon ma croyance en la réincarnation de l'énergie après la mort, il est la résultante de nos vies antérieures. Ce tracé principal, qui jusqu'alors ne présentait aucune bifurcation, en comporte désormais une, parfois plusieurs qui se ramifient en suivant une ou des voies parallèles. Je ne peux trouver de meilleure comparaison que celle d'un cours d'eau qui aurait longtemps occupé un lit unique de sa source à la mer et qui un jour serait en partie détourné par un canal parallèle. (Il est difficile d'exprimer par des mots simples les images qui traversent l'esprit d'un voyant!) J'emploie, pour définir cette possibilité de destin nouveau, l'expression de « destin parallèle ». Tout en étant parallèle, ce destin aboutit à des résultats différents, et le plus souvent meilleurs, que ceux qui dépendent du destin principal.

Force m'a été donnée de constater que plus les années passaient, plus ce destin parallèle avait tendance à devenir prépondérant. L'évidence s'imposait : ce phénomène était en corrélation directe avec l'approche de l'ère du Verseau. A l'appui de cette hypothèse venait une preuve. Dans la plupart des cas, cette voie adventice s'avérait plus profitable à mes consultants que le tracé initial. Je n'hésitai pas à les engager dans ce chemin. Ceux qui m'ont écouté s'en félicitent. J'affirme que le destin n'est plus une fatalité et je montre à mes consultants la possibilité qu'ils ont de construire un meilleur avenir. La seule difficulté que j'éprouve pour l'instant est que,

comme nous vivons un passage confus où les forces
bénéfiques n'ont pas encore leurs pleins pouvoirs,
une certaine hésitation apparaît parfois chez mes
interlocuteurs quand je leur indique ce qui est pour
eux le bon choix à faire. Ce n'est pas celui pour
lequel ils auraient opté. Cela est surtout vrai quand
ils me consultent sur leurs affaires de cœur. L'amour
ne tient guère compte des raisonnements. C'est une
pulsion de l'être. Il est difficile pour nous qui
subissons notre ascendance influencée par les Poissons de ne pas nous laisser gouverner par les
penchants les plus obscurs de notre nature. L'hérédité cosmique est encore très forte.

Cela va changer. S'il est nécessaire, en cette
période d'incertitude, de consulter un voyant hon-
nête pour savoir quand on bénéficiera d'un destin
parallèle et comment le reconnaître lorsqu'il se
présentera, cela deviendra de moins en moins indispensable quand le Verseau sera à son apogée. Chacun deviendra plus clairvoyant et un grand nombre
d'êtres sauront se diriger eux-mêmes.

Ce sera là une des mutations les plus inattendues
de l'espèce humaine. Elle bouleversera la conduite
des destinées. Il faut s'y préparer.

Déjà certains êtres plus sensibles, des femmes
surtout, ressentent que quelque chose de nouveau
est en train de se passer. Ils ont, par une intuition, la
conviction que rien ne sera plus comme hier. Un
certain nombre de ceux qui me consultent refusent
de s'en remettre à la fatalité.

C'est nouveau. Rien de tel n'existait il y a vingt-
cinq ou trente ans.


Au fur et à mesure que cette prise de conscience
du destin parallèle se développera dans l'esprit des

individus, leur moi sera de moins en moins soumis au fatalisme de l'inconscient collectif.

Ce fatalisme était (et est encore pour quelques années) en quelque sorte héréditaire. C'est pourquoi je lui ai donné le nom d'hérédité cosmique. Il se transmettait de génération en génération. Il était renforcé par la pression des préceptes religieux, soutenus et encouragés par les pouvoirs. Ainsi l'histoire se répétait-elle, broyant dans un engrenage des centaines de millions d'individus. Tout se passait comme si, à la porte de la vie humaine, était écrit, comme au seuil de l'Enfer de Dante dans *La Divine Comédie* : « Vous qui entrez ici, abandonnez toute espérance ! » Sur cette imposture se formèrent les grands empires, chacun imitant le précédent. Le destin d'un peuple se calquait sur le destin d'un autre. Napoléon prit modèle sur Jules César, Hitler sur Ivan le Terrible. A leur suite, des troupeaux se sont laissés entraîner à la mort.

Cet enchaînement absurde ne pourra prendre fin que par l'éveil de la conscience individuelle, éveil proche. Ils sont déjà nombreux ceux qui pressentent que des possibilités nouvelles leur sont offertes pour faire le choix d'un meilleur destin.

Le voyant est mieux placé que quiconque, par des dons affinés par une vaste expérience, pour s'être le premier dégagé de l'emprise de l'inconscient collectif. Aussi se doit-il de faire savoir, au-delà du cercle de ses consultants, que chacun peut déjà briser la gangue où l'enferme l'idée fausse d'un destin unique, préétabli, inéluctable.

Vous pouvez libérer votre esprit du poids que fait peser sur lui l'héritage ancestral. Il vous suffit de vous fier plus à votre intuition qu'à votre intelligence, d'aiguiser vos perceptions en vous mettant chaque jour quelques minutes à l'écoute de vos voix intérieures. Il faut tenir compte de vos pressentiments et parfois, s'il s'en produit, de vos prémonitions. C'est par un retour sur vous-même que vous élargirez les facultés de préconnaissance de votre conscience individuelle.

J'ai voulu aller plus loin dans ma recherche. J'ai voulu savoir si ce phénomène que j'avais découvert au niveau individuel se produisait aussi à l'échelon supérieur, celui des peuples, des nations et du monde. Je me suis penché pendant de longues années sur le destin des masses, sur l'évolution politique des pays, sur les courants primordiaux qui influencent les civilisations.

Le genre humain a-t-il aussi un destin parallèle?

J'affirme que oui. De cette réflexion sont nés mes derniers livres : *Prophéties jusqu'à la fin du siècle, Les Manipulateurs du destin, Le Pouvoir et le Destin.* Leur lecture démontre que, si le troisième conflit mondial secoue déjà notre planète, il ne sera heureusement pas atomique. Elle prouve aussi que les effets de cette guerre idéologique peuvent être sinon évités, à tout le moins amoindris. Il y suffit de nos efforts conjugués.

Et si ces premières tentatives s'avèrent peu fructueuses, il faudra les poursuivre car elles nous permettront de gagner du temps jusqu'à l'avènement de la société nouvelle en 1997.

# 2

# La tragédie du destin unique

Je pourrais remonter jusqu'à quatre mille ans en arrière, mais je préfère choisir des exemples plus proches, quoique ce que je vais dire puisse se vérifier aussi bien dans l'histoire des empereurs de Chine, que dans celle de l'Égypte des pharaons, de la Grèce antique ou de la Rome impériale.

Ce qu'on appelle l'Antiquité gréco-romaine correspond à une période troublée et sanglante influencée par le Bélier. Pendant cette ère, les hommes même riches et puissants ne purent échapper à leur destin unique, qu'ils fussent empereurs, généraux, dictateurs ou chefs de guerre. Ils périssaient de mort violente, incapables d'échapper à leur destin.

Ils en furent d'ailleurs conscients et les échos de la fatalité qui menait leur vie nous parviennent aujourd'hui encore à travers les récits ou les tragédies antiques qui retracent l'histoire des héros légendaires de l'ère du Bélier, qu'ils aient pour nom Hercule, Ulysse ou Agamemnon. Chacun garde en mémoire le terrible destin d'Œdipe. Nul ne peut échapper à la fatalité.

Même Jules César dut subir son destin. Lui, le conquérant, l'homme qui soumit à Rome la quasi-totalité de l'Europe, qui mena ses légions à la

victoire jusqu'en Afrique contre Hannibal, jusqu'en
Égypte où il aima Cléopâtre, celle qui lui était
réellement destinée, lui, le triomphateur, va rentrer
à Rome à la rencontre d'un destin qu'il ne peut fuir
et qui s'incarne sous les traits de Brutus, son fils
adoptif devenu son assassin. César succombe victime de la fatalité qui, toujours, abat les puissants de
cette ère tumultueuse que fut l'ère du Bélier.

Nombreux sont alors les exemples d'hommes par-
venus au sommet du pouvoir et assassinés, périssant
sous le fer de leurs ennemis et qui, en disparaissant,
entraînent dans la mort leurs esclaves, leur famille
et même leurs amis et alliés.

Il en fut ainsi tout au long de l'ère du Bélier que
subirent des créatures condamnées à parcourir le
chemin de leur vie, à subir le plus souvent une fin
tragique vers laquelle elles se précipitaient les yeux
bandés, comme poussées par les forces obscures,
qui les menaient, les pressaient, les écrasaient tout
en les dépassant.

A la charnière de l'ère du Bélier, débute la vie de
Jésus qui se termine quand commence l'ère des
Poissons par l'horreur de son supplice qui retentit
encore après deux mille ans.

Quelles que soient les opinions, qu'on adore la
divinité de Jésus ou qu'on la nie, reconnaissons que
sa vie fut exceptionnelle, mais que sa mort et son
martyre furent une fatalité. Il ne pouvait échapper à
son destin car le peuple juif, son peuple, refusait de
le reconnaître comme le véritable Messie, se
condamnant ainsi à attendre perpétuellement.
Depuis deux mille ans le peuple juif n'a jamais
rencontré son Messie et ce rendez-vous manqué
entre Jésus et son peuple a marqué l'ère des Poissons, ère brutale, d'intransigeance et d'ignorance
qui se perpétue encore.

Je ne veux pas dire que nous portons depuis deux mille ans la faute de la crucifixion de Jésus. Je veux dire que ce supplice, cet aveuglement du peuple juif devant la prophétie réalisée m'apparaît typique du début de l'ère des Poissons, empreinte au long de ses vingt siècles d'un malentendu entre l'homme et la destinée.

Jésus, le prophète, l'avait annoncé à ses apôtres : « Les enfants du Royaume de Dieu seront jetés dans les ténèbres extérieures. C'est là qu'il y aura des pleurs et des grincements de dents » (Évangile selon saint Matthieu).

Il savait, parce qu'il était clairvoyant, que l'humanité traverserait des siècles et des siècles de souffrances avant que l'homme ne retrouve sagesse et calme intérieur. C'est si vrai que depuis les hommes n'ont pas cessé de faire la guerre, souvent même en son nom lors des guerres de religion. Extraordinaire contradiction qui existe dans le rapprochement de ces mots « guerre » et « religion »! De nos jours, en Irlande, catholiques et protestants continuent à s'entre-tuer au nom de Jésus, le pacifique.

Un nouveau Messie viendra et celui-là le peuple juif saura le reconnaître. Il se révélera en 1997 et réunira les religions, les dévotions, les croyances. Catholiques, protestants, musulmans, bouddhistes, taoïstes, hindouistes, tous le reconnaîtront.

Pour bien comprendre ce qu'est le destin-fatalité opposé au destin parallèle dont j'observe les prémices, mais qui ne se dévoilera à l'humanité qu'à partir de 1997, nous devons nous pencher sur l'histoire, regarder et comparer hier et aujourd'hui.

Jules César et Néron périssent sous le glaive. Leur fin est suivie d'un bouleversement politique qui

s'accompagne d'autres assassinats, d'autres meurtres. C'est ainsi que s'accomplit le destin qui amènera peu à peu la chute de l'Empire romain.

L'Empire est remplacé par l'Église catholique
romaine et apostolique. Elle étendra son pouvoir sur
l'Europe, mais petit à petit les rois chercheront à la
supplanter. Ce sera le massacre des templiers avec
Philippe le Bel en France, ce sera Henri VIII d'Angleterre qui, pour pouvoir se débarrasser de ses
femmes, rompt avec le pape.

Les rois à leur tour sont victimes de l'histoire :
Charles Stuart d'Angleterre monte sur l'échafaud, en
1649. Cent quarante-deux ans plus tard, la Révolution française massacre Louis XVI et Marie-Antoi-
nette. Le destin-fatalité historique des peuples continue de s'accomplir.

La jeune Amérique est elle aussi frappée : le
président Abraham Lincoln est assassiné en avril
1865, avant la fin de la guerre de Sécession par un
fanatique, et sa mort change le cours des choses car
son successeur, le général Grant, ne poursuivra pas
sa politique de réconciliation avec les États du Sud.
John Kennedy sera tué à Dallas, toujours dans un
État du Sud.

La Russie à son tour est touchée par la fatalité
quand les bolcheviks condamnent et exécutent la
famille impériale, le tsar Nicolas II, la tsarine
Alexandra et tous leurs enfants en juillet 1918, peu
avant la fin de la Première Guerre mondiale.

Rien ne peut entraver la fatalité qui commande la
destinée des peuples. Si grands soient-ils, les princes
de ce monde subissent tour à tour un destin inexorable et tragique caractéristique de l'ère des Poissons.

De nos jours apparaît le destin parallèle. C'est lui
qui permet aux empereurs et aux dictateurs déchus
par les révolutions de sauver leur vie.

Le chah d'Iran a pu quitter son pays avec l'impératrice Farah Dibah et les jeunes princes. Ils ont échappé à un massacre, prévisible si on pense à la violence inouïe de la révolution islamique menée par l'ayatollah Khomeiny. Nul membre de la famille royale n'aurait dû échapper à la mort et pourtant si! Là, je vois le destin parallèle pour seule explication à ce qui apparaîtrait comme un miracle s'il n'y avait d'autres exemples.

Ils sont nombreux aujourd'hui les destins parallèles autrefois incroyables. Le président Amin Dada sauve sa vie, l'empereur Bokassa réussit dans un premier temps à échapper aux révolutionnaires et se réfugie en France où il vit quelques années avec toute sa famille. Il en est de même pour le président haïtien Jean-Claude Duvalier qui sauve sa tête et celle de ses proches. Marcos aux Philippines lui aussi s'enfuit avec sa femme. Ces personnages non seulement contestés mais souvent haïs dans leur pays et à l'étranger, ces dirigeants renversés par la révolte de leurs peuples, par des mouvements révolutionnaires ou par des intrigants convoitant leur pouvoir, ont pu traverser la tourmente et vivre à l'abri d'une mort violente qui semblait pourtant, aux observateurs, la seule issue possible à l'impasse où les avait acculés leur carrière.

Ce qui me frappe dans ces exemples, je le répète, c'est qu'ils démontrent l'existence d'un destin parallèle qui s'offre à l'être humain en ce moment même et depuis quelques années.

S'il n'y avait pas eu de destin parallèle, ils auraient tous sans exception subi le sort de Louis XVI en France, de Nicolas II en Russie, d'Abraham Lincoln aux États-Unis. Un exemple pourrait laisser croire à la chance, au hasard, mais le nombre de cas semblables en si peu d'années constitue une preuve. De nos jours, les dictateurs meurent le plus souvent dans leur lit.

Le cas de Hitler est spécifique.

Hitler, l'un des plus grands tyrans de ce siècle, n'a pas été assassiné. Mais il est évident qu'il s'est suicidé contraint et forcé par l'avancée des troupes soviétiques entrées les premières à Berlin et qui l'auraient certainement fusillé. Il n'avait pas d'échappatoire. L'étau des armées alliées se refermait sur lui et la victoire allemande, le retournement de situation de dernière heure n'était pas envisageable. Hitler, pas plus que sa compagne, n'avait de destin parallèle. Le choix du suicide correspondait à sa personnalité, lui semblait plus courageux, à la taille de ce qu'il avait vécu en tant que maître du III$^e$ Reich et restait à la mesure de son orgueil et de sa folie paranoïaque.

Il y a des crimes qui auraient dû avoir un effet déstabilisateur et qui n'ont pas transformé le régime du pays où ils ont eu lieu. Faits isolés qui étaient inévitables.

Ainsi, l'assassinat du président Kennedy en 1963 a eu lieu à une date où l'histoire subissait encore trop l'influence de l'ère des Poissons pour qu'une alternative puisse être envisagée.

En 1975, le président tchadien François Tombalbaye a été assassiné. Je le connaissais personnellement et je l'avais supplié de démissionner et de venir se réfugier en France afin de sauver sa vie. Il a refusé de m'écouter. En raison de l'influence dominante de l'ère des Poissons, mon pouvoir de conviction était à ce moment encore faible. Le président Tombalbaye, né lui-même sous le signe des Poissons, ne pouvait m'entendre et a fini par s'abandonner à son destin fatalité.

J'ignorais à cette époque l'existence du destin parallèle. Pourtant, je prévoyais qu'il aurait pu sauver sa vie en se réfugiant en France ou dans un autre pays. S'il a refusé de m'écouter et s'il a finalement été assassiné, c'est parce que nous ne sentions pas encore les flux de l'ère du Verseau, parce que nous ne connaissions pas la réalité du destin parallèle. Le président Tombalbaye, victime de son destin-fatalité est tombé, lors du coup d'État d'avril 1975.

Le cas de Mme Indira Gandhi est fascinant. Chacun sait qu'elle a été victime d'extrémistes sikhs et assassinée en 1984 comme je l'avais prédit dix ans plus tôt. Sa mort n'a pas bouleversé le pays dans la mesure où son fils lui a succédé, commettant les mêmes erreurs qu'elle, hélas, prévisibles. Pourtant, Mme Indira Gandhi avait un destin parallèle! Il lui suffisait de ne pas chercher à revenir au pouvoir après en avoir été écartée une première fois. Elle pouvait faire ce choix qui lui aurait sauvé la vie. Elle l'a refusé et cela l'a menée à la mort.

En ce moment même, le souverain hachémite, Hassan II roi du Maroc, est à la croisée des chemins, car il a un destin parallèle. Son destin principal, celui qu'il vit aujourd'hui, est la proie d'une violence aveugle, menacé par des forces dangereuses qui pourraient aller jusqu'à mettre en péril son existence même.

Et pourtant, en dépit du danger, son destin parallèle ne le mène ni vers la démission, ni vers l'exil et l'abandon du trône mais plutôt vers un rôle différent de souverain qui le conduira à bouleverser le système juridique et constitutionnel de son pays, à accomplir les immenses et profondes réformes qui, tout en transformant la vie de ses sujets, sauveront la sienne.

Son destin repose entre ses mains. Le choix est à sa portée. S'il poursuit dans la voie actuelle, les groupes révolutionnaires le renverseront ou l'assassineront. S'il choisit d'entreprendre les changements nécessaires à la transformation de son pays, il ira vers une vie nouvelle avec ses sujets et vers des alliances positives au lieu de subir la fausse amitié des relations avec certains États qui lui sont en réalité hostiles.

Si le roi du Maroc obéit à son destin parallèle, il gardera la vie et le pouvoir. La monarchie deviendra constitutionnelle et pourra se perpétuer. Dans le cas contraire, l'alternative lui sera fatale.

Je veux parler d'un autre destin parallèle, un peu particulier, celui de Jean-Paul II, le pape actuel. Son élection est l'exemple même d'un destin parallèle, puisqu'il a été élu en catastrophe après la mort soudaine de Jean-Paul Ier survenue trente-trois jours seulement après son élection.

Le doute subsiste dans mon esprit quant à la mort de Jean-Paul Ier. J'ai la certitude qu'il s'agit d'une énigme troublante de l'histoire qui ne sera jamais éclaircie et qui est occultée par les médias qui se gardent d'en parler.

Pour le Vatican, l'élection de Jean-Paul II a créé un destin parallèle imprévu. Jean-Paul Ier incarnait la continuité. Jean-Paul II, lui, représentait le destin parallèle; destin qui comporte de nombreux actes de violence, qui iront en se répétant. On a déjà essayé d'assassiner Jean-Paul II et je ne doute pas que, dans les coulisses du Vatican, il ait fallu déjouer d'autres tentatives violentes.

Je connais des chefs d'État, des présidents, des généraux qui ont un destin parallèle. Il leur permettra de sauver leur vie lorsque les forces révolutionnaires de leur pays auront décidé de s'emparer du pouvoir et de mettre fin à leur « règne ».

Le général Pinochet au Chili s'enfuira avant d'être mis à mort, réussira à quitter le pays et terminera sa vie dans un pays d'accueil, s'il choisit son destin parallèle. Le président Stroessner au Paraguay connaîtra le même sort. La Corée du Sud, elle aussi, changera de gouvernement. Nombreux pourraient être les exemples, mais ces trois-là me semblent être aujourd'hui les plus caractéristiques, ceux qui permettent le mieux de faire comprendre ce qu'est le destin parallèle, par rapport à ce qu'était autrefois le destin unique, le destin-fatalité.

Comprenons-le, sachons-le : à mesure qu'avancera l'ère du Verseau, se développeront la clairvoyance et la sagesse qui permettront aux hommes, quels qu'ils soient, de bifurquer vers leur destin parallèle, échappant à la tragédie et à l'horreur présentes aujourd'hui où nous sommes les témoins des derniers soubresauts de l'ère des Poissons.

# 3

# Des capitaines sans boussole

Le passage d'une ère à l'autre se traduit depuis 1976 par des changements dans la ligne de conduite des hommes politiques, inexplicables si l'on ne tient pas compte des influences astrales que notre monde est en train de subir.

Ces volte-face, ces déclarations contradictoires d'une année sur l'autre, voire d'un mois sur l'autre, ne sont pas de la faute de ces gens intelligents que nous pouvons à priori créditer de sincérité.

Hier ils ont réfléchi à un programme. Ils l'ont mis noir sur blanc après d'âpres discussions avec des experts et les membres de leur parti. Ils l'ont proclamé. Aujourd'hui, la théorie s'écroule devant la réalité des faits. Les faits sont têtus, tenaces. Ils ne se plient pas aux raisonnements, fussent-ils les plus subtils.

La construction de l'esprit qui, sur le papier, semblait sans faille s'est écroulée comme un château de cartes au contact de la complexité de la vie. D'autant plus mouvante que le Verseau qui apparaît à l'horizon planétaire commence à modifier les comportements. Des idées ont été émises, des décisions ont été prises en fonction d'une série d'événements, d'une flambée de violence par exemple ou dans le dessein d'agir différemment que les prédécesseurs. Trop souvent aussi pour rester fidèles à une doctrine, une sorte de catéchisme hérité des « grands ancêtres ». Combien de théories élaborées au XIX<sup>e</sup> siècle, à l'époque des premières machines à vapeur, inspirent encore des hommes qui vivent pourtant dans une époque qui a domestiqué l'atome et qui est en train de conquérir l'espace?

Au pouvoir, ces hommes se rendent compte qu'ils doivent sinon changer de cap, à tout le moins infléchir leur attitude. Non seulement la réalité quotidienne mais aussi une subtile influence astrale dont ils ignorent l'existence les amènent à prendre des décisions différentes de celles qu'ils avaient prévues six mois ou un an auparavant.

Et le public de s'étonner. Les gouvernants savent-ils ce qu'ils veulent? Ils ne font pas ce qu'ils ont annoncé qu'ils feraient. Sont-ils menteurs ou girouettes?

Ni l'un ni l'autre! Ils traversent comme nous une période de confusion qui ne s'achèvera qu'en 1997.

Certes il y a des hommes parmi eux qui, plus sensibles que les autres, plus perméables aux influences cosmiques, voient leur coefficient de clairvoyance augmenter, mais la plupart restent prisonniers de la violence intérieure dont les Poissons les ont dotés. Quelque chose en eux voudrait s'élever, rompre avec les attaches du passé. Ils ont la velléité de mieux faire mais ils retombent dans l'ornière.

Autrefois il y avait des principes sur lesquels on pouvait s'appuyer. « Appuyez-vous sur les principes, a écrit je ne sais quel humoriste, ils finiront bien par céder. »

C'est fait, ils ont cédé!

Des théories, des doctrines prises pour paroles d'évangile ont tellement été démenties par les faits que le scepticisme est aujourd'hui l'attitude la plus répandue, parmi les générations qui ont vécu l'époque 1939-1945, celles qui se souviennent du déboulonnement de Staline ou du Printemps de Prague.

Heureusement, les dirigeants les plus jeunes ne s'embarrassent guère des souvenirs que traînent leurs aînés. Ils sont plus libérés, moins soumis aux effluves des Poissons. La sagesse sera de plus en plus l'apanage de la jeunesse. En exceptant les esprits restés assez souples malgré les années, qui comprendront que le monde change et qu'ils doivent changer aussi.

Les gouvernements ont achoppé récemment sur les subtils changements de la mentalité collective. Même si certains dirigeants les ont perçus, la grande majorité d'entre eux ne les a pas compris. Aussi ont-ils dû amender les programmes qu'ils avaient élaborés avant d'affronter la réalité du pouvoir. D'amendements en corrections, de concessions en abandons, ces programmes n'ont qu'un rapport lointain avec leurs versions initiales. En sorte qu'il n'y a plus guère de différence entre les deux équipes qui se disputent le pouvoir en France, socio-démocrates à gauche, libéraux-conservateurs à droite, si tant est qu'on puisse encore parler d'une droite et d'une gauche. Des deux côtés les grands principes sont encore évoqués. Il est vrai qu'il y a des antinomies profondes entre les philosophies, mais je prédis que même les positions situées aux deux extrêmes de l'éventail politique finiront par se fondre dans le courant dont elles représentent la pointe avancée. Le Front national de récente émergence qui représente l'extrême droite se dissoudra dans le parti libéral-conservateur, et le parti communiste français, en proie à ses dissensions internes, rejoindra en ordre dispersé les rangs de la social-démocratie.

Il n'y aura plus alors que deux idéologies en présence qui se ressembleront sur bien des points. Alternativement, elles gouverneront le pays.

L'expérience de la cohabitation vécue en France depuis 1986 est un frappant exemple du destin parallèle. C'est la première fois dans l'histoire de la Vᵉ République qu'il y a coexistence entre un président social-démocrate et une assemblée libérale-conservatrice.

Le Verseau va apporter dans la vie politique un changement de mœurs dont chacun perçoit les prémices. Une compréhension élargie, un recours plus fréquent au dialogue et à la concertation. La cohabitation n'est pas un phénomène transitoire. Je vois qu'elle se poursuivra en prenant peut-être d'autres formes, mais ce qui était impensable il y a quinze ou vingt ans sera bientôt la norme.

D'autres pays que la France prouvent qu'il est possible de gouverner en alternance avec ses adversaires, comme en Israël où le pouvoir a appartenu successivement à deux tendances d'opinions divergentes. Aux États-Unis, un président républicain comme Ronald Reagan doit tenir compte de l'opposition démocrate du Congrès et le phénomène, dans un sens ou dans un autre, n'est pas nouveau. Il y a bien sûr des frottements, des accrochages, des affrontements mais la machine administrative américaine tourne rond, tout en grinçant parfois.

En France, d'ici à la fin de ce siècle, les Français changeront plus souvent de présidents que ne l'a prévu la Constitution. Il en sera de même pour l'Assemblée nationale. Les électeurs seront souvent

appelés aux urnes et la plupart du temps en dehors
des échéances électorales, jusqu'au jour où ils éli-
ront pour la première fois dans l'histoire de leur
pays une femme à la magistrature suprême. De
semblables transformations se produiront en Italie,
en Espagne, au Portugal, au Japon et dans certains
pays d'Amérique latine.

# 4

# Les rendez-vous manqués
# avec le destin

Au cours de son existence l'homme a plusieurs
rendez-vous avec le destin. Il ne sait ni le lieu, ni le
jour, ni l'heure. Le plus souvent, le rendez-vous est
manqué.

Dans un éclair de lucidité, en revivant son passé,
quels sont ceux ou celles qui ne se sont pas dit au
moins une fois : « Ce jour-là j'ai raté le coche! »
Rabelais a traduit la fugacité avec laquelle l'occasion se présente : « L'occasion, écrit-il dans *Gargan-
tua*, a tous ses cheveux au front : quand elle est
passée vous ne la pouvez plus rappeler; elle est
chauve par le derrière de la tête et plus jamais ne
s'en retourne! »

Ce qui est vrai pour les êtres, l'est aussi pour les
peuples. Jésus est né il y a deux mille ans, à l'instant
où la terre entrait dans le cycle des Poissons. Il ne
fait pas de doute qu'il était bien le roi des Juifs, ce
Messie que les Juifs attendaient. C'est le plus
extraordinaire rendez-vous manqué d'une nation
avec son destin! Les conséquences de cet aveuglement ont été incalculables : prise de Jérusalem par
Titus trente-sept ans après la mort du Christ, disper-

sion du peuple d'Israël à travers le monde au cours
du IIᵉ siècle, persécutions sans nombre qui jalonnent
ensuite l'histoire de ces errants perpétuels, tantôt
enfermés dans des ghettos, tantôt voués aux brasiers
des inquisiteurs, pressurés par les rois, lapidés par la
populace, boucs émissaires chargés de tous les
péchés du monde, jusqu'au diabolique plan nazi qui
voulait aboutir à leur extinction totale, la « solution
finale », en organisant systématiquement, bureau-
cratiquement, l'holocauste de six millions d'entre
eux.

Il est un fait certain : si le peuple juif avait reconnu
le Christ comme le Messie annoncé par ses prophètes, son destin eût été changé.

Mais il y a deux mille ans, les individus n'avaient
pas une connaissance spirituelle assez aiguë. Ils
possédaient rarement les dons médiumniques et
parapsychologiques qui commencent à se répandre
et qui se répandront de plus en plus. A la fin de ce
siècle, je peux prédire que les progrès moraux et
scientifiques permettront aux humains de développer des facultés de prescience qui sont le lot de
quelques-uns. Tout le monde ne deviendra pas
voyant et il ne faut pas le souhaiter car c'est une
lourde responsabilité. Cependant, chacun, homme
ou femme, au niveau de sa sensibilité et de sa
culture, verra plus clair en lui, parviendra à résoudre ses problèmes, à choisir la meilleure route.

Il y aura de moins en moins de rendez-vous
manqués avec le destin.


Plusieurs voiles obscurcissent aujourd'hui la perception.

Le plus répandu est le préjugé. Lieux communs,
idées toutes faites sont enfants de l'ignorance. Que

de cerveaux qui ne raisonnent encore qu'à partir d'opinions acceptées sans vérification, car elles représentent la « sagesse populaire » du milieu qui les a vus naître ou parce qu'elles sont à la mode dans leur entourage.

Impatience, précipitation, hâte d'en finir sont à l'origine de bien des déconvenues. « Les impatients arrivent toujours trop tard », fait remarquer Jean Dutourd dans *Le Fond et la Forme*. L'homme pressé de réaliser ses projets, celui qui veut récolter avant de semer, connaît immanquablement des déboires. Au lieu de donner la chance de mûrir à son entreprise, de faire confiance au temps dont le sage sait se faire un allié, il veut atteindre son but le plus rapidement possible, et, dans son élan, le dépasse. Al-Muballah, philosophe arabe du VIIe siècle, disait déjà dans ses *Propos* : « Attendre fait parfois manquer des réussites, mais se bousculer entraîne au désastre ! » Le manque de confiance en soi est le principal responsable de cette hâte. Elle trahit une peur irraisonnée devant la vie.

La passion peut conduire à passer à côté de son destin. Il y a des passions nobles, de celles dont Hegel disait que sans elles rien de grand ne se serait accompli dans le monde. Ces élans de l'âme permettent à l'homme de se réaliser souvent au prix de sacrifices dont il souffre et fait aussi souffrir son entourage. Il n'importe, car la communauté en bénéficie.

Je fais allusion à la passion qui jette soudain hors de lui-même un être jusqu'alors raisonnable. L'homme est plus fréquemment victime que la femme de cette impulsion qu'il ne peut vaincre et qui l'amène à détruire en quelques semaines le bonheur qu'il a mis des années à construire. Il n'y a pas que la passion amoureuse, le « démon de midi » par exemple qui se déchaîne aux environs de la cinquantaine masculine ou le « bovarysme » qui peut mener au suicide la femme qui se croit incomprise. Il y a l'engouement pour une entreprise nouvelle, pour un moyen de faire une rapide fortune, par exemple. On joue sa vie sur un coup de dés, entraîné par des conseillers intéressés et malhonnêtes mais souvent aussi en échafaudant seul des châteaux en Espagne auxquels on finit par croire. La passion du jeu existe dans le monde des affaires. Elle peut mener au déshonneur ou à la prison.

L'intolérance demeure une source de conflits pour les destins individuels ou collectifs. Au premier niveau l'intolérance est ce qui fait le plus de mal à la réussite sentimentale, professionnelle ou morale d'un individu. La vie en commun exige dans un couple compréhension et respect mutuels. Nombreux sont les êtres qui croient aimer et qui n'aiment qu'en égoïstes. L'amour qu'ils éprouvent est celui de leur confort ou d'habitudes. Aimer pour eux c'est s'assurer sur l'avenir. Dans leur métier, leur intolérance se manifeste dès qu'ils possèdent une parcelle de pouvoir. Le cas est fréquent chez ceux que l'on appelle les « petits chefs ». Leurs subordonnés sont leurs souffre-douleur mais ils rampent face à leurs supérieurs. Aussi font-ils rarement carrière car la direction ne voit qu'avantage à les cantonner dans leur rôle de garde-chiourme. Ces gens-là ne font tort qu'à eux-mêmes et à ceux qui ont le malheur d'être sous leur dépendance.

Plus grave en revanche est l'intolérance collective, celle de tout un peuple fanatisé par ses leaders, chefs religieux ou charismatiques, incarnations d'idéologies qui excluent l' « autre », l'incroyant, l'infidèle ou simplement le « différent ».

Le racisme croît sur le fumier de l'intolérance.

La vraie richesse de l'humanité est sa diversité. L'ère du Verseau amènera un brassage de populations sans mesure avec les quelques mélanges que connaît notre époque. Ce jour-là l'intolérance disparaîtra. Chacun admettra et s'enrichira de la différence de l'autre.

Le désespoir est souvent cause de rendez-vous manqués avec le destin.

Pour moi il n'y a pas de situations désespérées. Il y a seulement des êtres qui désespèrent des situations.

C'est une grande responsabilité pour un voyant quand il a en face de lui un homme ou une femme qui a atteint l'extrême limite de la résistance à ce qu'ils estiment être les injustices du sort et qui avouent n'envisager qu'une issue fatale. Dans le passé, j'ai été souvent désemparé devant ces cas, ne pouvant indiquer à ces consultants la voie d'un destin parallèle. Les Poissons faisaient trop fortement écran à ma vision. Je n'avais que la ressource de la persuasion à laquelle mon influx donnait un pouvoir de conviction.

Je n'ai connu que de rares échecs. Il m'arrive cependant de me les remémorer. Car je sais que la plupart d'entre eux étaient évitables. Il faut toujours espérer. Chaque jour le soleil se cache pour reparaître. C'est souvent au moment où le ciel semble le plus obscurci que le firmament devient serein.

Il m'est aujourd'hui plus facile de rendre évident que nous avons tous un destin parallèle. Et je peux assurer, après Hafiz, le grand poète persan : « En pleine angoisse, ne perds jamais l'espoir, car la moelle la plus exquise est dans l'os le plus dur. »

Le destin de l'homme d'État est un cas particulier. Il lui est personnel, mais en même temps il appartient à la nation qu'il veut diriger ou qu'il dirige. Son caractère, son émotivité, sa santé influent sur ses décisions qui, à leur tour, conditionnent la destinée de tout un peuple. Que l'on se souvienne des derniers mois de la vie de Georges Pompidou. Miné par la maladie en dépit d'un héroïque courage, l'homme n'était plus le même qu'au début de son septennat. Cela n'a rien d'attentatoire à sa mémoire car il avait fait œuvre solide au cours de longues années au service de la République.

Il y a interaction entre la bonne ou mauvaise fortune des hommes d'un parti et ceux d'un parti opposé. Il est évident par exemple qu'en 1981 la désunion des candidats libéraux et conservateurs a fait le succès de François Mitterrand. Le destin du candidat de l'union de la gauche a été bâti par ses adversaires sur la ruine des leurs.

A l'époque, le président Giscard d'Estaing n'a pas compris que sa meilleure chance de rester un homme de pouvoir était de laisser la sienne à un candidat du même courant politique, tel que Jacques Chirac. Il était évident pour tout le monde sauf pour lui que les Français voulaient changer non pas tant d'idéologie que de personnage à la tête de l'État. En élisant François Mitterrand, ils ont plus élu l'homme que les idées. Cinq ans plus tard, ils portaient à l'Assemblée un parlement libéral-conservateur, tout en conservant leur estime, comme le montrent les sondages, au président de la République qui, malgré ses opinions opposées, reste le président de tous les Français. Le destin d'un homme est plus lié à sa nature profonde qu'à ses opinions. Une majorité de citoyens peut ne pas partager ses options politiques et cependant le reconnaître pour chef. Alors que certains s'étonnent de voir fonctionner la coexistence entre l'Élysée et Matignon, que d'autres prédisent que cette entente est contre nature et ne peut pas durer, je vois, moi, qu'elle répond à une profonde aspiration de l'esprit public.

Las des polémiques politiciennes, des débats d'idées où le discours tient la place de la pensée, le public attend de ceux à qui il a donné la charge de gouverner un consensus intelligent et sensible sur les questions dont son avenir dépend : débouchés pour les jeunes, travail pour tous, paix sociale. Je m'étonne que des personnalités qui veulent incarner le bon sens et la sagesse fassent preuve dans ce domaine d'un tel aveuglement. Elles sont victimes de leur intolérance et je leur prédis qu'elles manqueront le rendez-vous que leur a fixé le destin.

# 5

# Les enfants à la carte

La plus significative manifestation du destin parallèle, la plus lourde de conséquences, c'est la révolution que représentent les facilités offertes aujourd'hui par la planification des naissances.

Mettre un enfant au monde n'est plus pour un couple le résultat de la fatalité. C'est un choix qui peut être librement consenti grâce aux récentes découvertes de la contraception et à la libéralisation des contraintes morales que faisait peser la société, il n'y a pas si longtemps, sur ce sujet tabou.

Une telle nouveauté pose des cas de conscience. Ce n'est pas seulement le fait des populations qui comme les nôtres subissent encore l'influence de la morale judéo-chrétienne. Au Japon, où le culte Shinto, religion première des Japonais, considère qu'il faut se plier à la volonté des dieux qui décident de la naissance des enfants, l'expérimentation d'une méthode qui doit permettre de choisir le sexe de ceux-ci se heurte à de graves problèmes d'éthique. Dans d'autres pays d'Extrême-Orient, influencés par une autre religion, le confucianisme, les familles ont une nette tendance à souhaiter la venue de garçons. Si ces expériences aboutissent, un déséquilibre démographique peut se produire dans les nations concernées.

Nous n'en sommes pas arrivés à ce point en Europe. Bien des signes montrent que nous nous engageons sur la voie de découvertes qui bouleverseront ce qui semblait immuable, le mystère de la maternité. Naissances in vitro, mères porteuses, congélation des embryons : la médecine et la biogénétique libèrent le couple de la fatalité de son destin.

Une récente étude, portant sur près de six millions de naissances déclarées en France entre le 1er janvier 1968 et le 1er janvier 1974, apporte un éclairage sur la modification du cycle des naissances. Les auteurs [1] aboutissent à des conclusions inattendues : « Le maximum du nombre des naissances, observent-ils, survient au printemps. » Elles sont le résultat des conceptions ayant eu lieu au cours de l'été. « Le minimum se situe en automne (conception d'hiver). » Il y a une remontée des naissances vers la fin du mois de septembre, remontée probablement due à un plus grand nombre de conceptions pendant les fêtes de fin d'année. Les calculs, réalisés par ordinateur, ont pris en compte les naissances provoquées médicalement, ces dernières étant relativement peu nombreuses et n'influant guère sur le résultat d'ensemble.

Cette tendance statistiquement prouvée s'explique par le fait que les femmes ne souhaitent plus être enceintes pendant les mois d'été voués aux vacances

---

1. « Naissances, fertilité, rythmes et cycle lunaires », de P. Guillon, D. Guillon, J. Lansac et J. H. Soutoul (CHU de Tours), avec la collaboration de P. Bertrand et J.-P. Hornecker (faculté des sciences d'Orléans), *Journal de gynécologie obstétrique et de biologie de la reproduction*, (1986, 15, pp. 265-271).

avec la liberté des corps au soleil. Sur le plan astrologique, nous assistons à une progressive disparition des signes du Cancer, du Lion et, à un moindre degré, de la Vierge.

Le choix d'un destin parallèle apparaît ici encore.

Je ne résiste pas à citer la conclusion de la même étude. Constatant scientifiquement l'influence connue du cycle lunaire sur les conceptions et les naissances et celle, plus ignorée, des événements solaires mise en évidence dans certains cas d'infarctus du myocarde, les auteurs s'interrogent :

« Pourquoi ne pas envisager la détermination de certaines périodes pendant lesquelles les conceptions d'enfants malformés seraient plus élevées que la moyenne, la qualité des gamètes pouvant être influencée par des éruptions solaires ou par tout autre phénomène, comme les rythmes lunaires? Sans évoquer de possibles actions de planètes moins connues et plus éloignées qui préoccupent davantage les astrologues que les scientifiques pour le moment. La Terre n'est probablement pas un monde clos qui vivrait indépendamment du reste de l'univers...! »

Sans aller jusqu'à souscrire aux thèses astrologiques, ces savants reconnaissent que dans l'état actuel de nos connaissances, rien ne permet de mettre en doute leur bien-fondé.

Tout est bouleversé. Cela est si vrai que lorsque une consultante me demande : « Monsieur de Sabato, pouvez-vous voir combien j'aurai d'enfants? », je ne peux en conscience lui donner de réponse.

Avant que le Verseau n'ait apporté la liberté de

choix il m'était facile de prédire sans erreur : « Madame, vous aurez deux enfants. » Je pouvais même préciser avec certitude quel serait leur sexe et le temps où s'accomplirait leur venue au monde. Rien de tout cela n'est possible aujourd'hui. Les naissances relèvent désormais de la volonté de la future mère. C'est un changement considérable. Les naissances ne sont plus soumises au destin-fatalité. Elles échappent en partie aux pouvoirs du voyant, qui peut simplement prévoir si elles se passeront bien, si l'enfant sera normal et avec moins de certitude qu'auparavant si ce sera un garçon ou une fille. D'autres critères lui permettent de conseiller sa consultante sur le moment qu'elle a choisi pour devenir mère. Si je me rends compte qu'elle doit divorcer dans deux ou trois ans, il est de mon devoir de la mettre en garde : un enfant dans ces conditions risque de lui poser de graves problèmes dans un proche avenir.

Autre conséquence du développement des nouvelles avancées de la science, le cas des femmes qui ne pouvaient pas avoir d'enfants en raison de malformations. Celles-ci sont aujourd'hui capables, grâce à la chirurgie, d'éprouver les joies de la maternité. Quant aux femmes stériles par impossibilité d'ovulation, la chimiothérapie vient à leur secours. Il y a aussi, quand la stérilité provient du mari, la solution de l'insémination artificielle, sans parler de la pratique contestée et qui n'est pas encore entrée dans nos mœurs des mères porteuses.

Le destin de ces « nouveaux bébés » peut à juste titre s'appeler un destin parallèle. Énergies potentielles errant dans l'infini, rien ne les prédestinait à venir sur la terre. Seul le désir d'une mère les y a appelés et les a en quelque sorte contraints à pénétrer par effraction dans la vie.

C'est assez effrayant. Cela donne le vertige à nos
esprits imprégnés d'hérédité cosmique par la longue
suite des siècles où l'homme n'avait que de faibles
pouvoirs sur la nature. Longtemps des civilisations
aussi évoluées que la civilisation chinoise n'ont pas
compris la relation existant entre l'acte de chair et la
venue au monde d'un enfant. Cette ignorance est
encore le lot de nombreuses peuplades primitives.
Nous-mêmes, si avertis que nous soyons, nous sommes troublés par ces méthodes nouvelles de transmission de la vie. Elles remettent en cause les
fondements de notre morale, de notre philosophie
et, si nous avons la foi, de nos croyances religieuses.
Nous nous interrogeons et nous interrogeons ces
biogénéticiens, ces gynécologues que l'on a si justement appelés les « sorciers de la vie » et qui en sont
peut-être les apprentis sorciers. A-t-on le droit de
faire naître un enfant sans père? L'enfant est-il une
marchandise? A ces questions l'époque du Verseau
apportera des réponses, car l'homme maîtrisera de
mieux en mieux non seulement la science mais sa
conscience.


Il faut se réjouir que les femmes aient pu conquérir la libre disposition de leur corps, modifier leur
destin en programmant la naissance d'un enfant
souhaité. Elles ne savent pas qu'en agissant ainsi
elles ont fait le choix de leur destin parallèle ni
qu'elles participent à une révolution qui concernera
dans le siècle prochain l'humanité entière.

Quand un homme mûr tel que moi se souvient
dans quel opprobre il y a peu d'années encore était
tenue par la société la mère célibataire, nommée
« fille mère », il est étonné de constater que le
nombre de jeunes femmes qui décident d'avoir un

enfant sans s'encombrer d'un mari va croissant. Entre 1975 et 1982 leur proportion a augmenté de 51,8 p. 100! Elles représentaient, en 1982, 14,5 p. 100 de la population des parents isolés du sexe féminin!

C'est là l'exemple extrême de l'enfant désiré. Je sais aussi que dans ce cas jouent souvent les contraintes fiscales qui pèsent sur les couples réguliers quand père et mère travaillent. Le phénomène n'en est pas pour autant moins remarquable. Enfants de mères célibataires ou de couples légitimes sont de plus en plus des enfants voulus, parfois au prix de longs traitements médicaux que permettent les progrès scientifiques. A la maternité Saint-Antoine, vingt-deux enfants sur trente-cinq sont arrivés à terme parce que leur sang affecté d'un mauvais rhésus a pu être changé par transfusions successives alors que les embryons à peine âgés de quatre mois étaient dans le ventre de leurs mères! Ces enfants, arrachés à une mort inéluctable avant que ne soit possible cette extraordinaire manipulation interne, ne sont-ils pas les grands bénéficiaires du destin parallèle? Et leurs mères qui ont accepté tant de sacrifices pour les mettre au monde ne leur donneront-elles pas un amour que les enfants imposés autrefois aux femmes n'ont, hélas, pas connu? Les enfants des destins parallèles seront plus tard des hommes capables de construire un monde meilleur.

Nous avons noté le nombre de plus en plus faible de naissances au cours de l'été, phénomène qui ne fera que s'accroître au fur et à mesure que les méthodes contraceptives modernes entreront dans les mœurs. Elles ne sont utilisées que par 38 p. 100

de la population féminine de quinze à quarante-neuf
ans. Ces chiffres, qui valent pour la France, varient
légèrement selon le degré d'évolution des autres
pays européens. Ils suivent partout une courbe
ascendante. Cela signifie à plus ou moins long terme
une sensible diminution dans l'hémisphère nord des
natifs du signe du Cancer, du Lion, de la Vierge et
même éventuellement de ceux de la Balance. Dans
l'hémisphère sud où les saisons sont inversées, où
l'été commence lorsque nous entrons dans l'hiver,
ce sont les signes du Capricorne, du Verseau et en
partie celui des Poissons qui viendront à faire
défaut.

Des migrations seront indispensables. Non plus
pour importer de la main-d'œuvre ou en exporter
mais pour compenser le déséquilibre astrologique
créé. Hommes et femmes du Cancer, ou de la Vierge
par exemple, ont des caractéristiques personnelles,
des capacités, des qualités que n'ont pas les natifs
d'autres signes qui possèdent les leurs. Un déficit de
population de tel ou tel signe représentera pour les
pays une perte de substance comparable à celle que
certaines nations connaissent et que l'on baptise
« exode des cerveaux ». Le même problème se
posera dans l'hémisphère sud mais naturellement
inversé; des pays comme l'Australie, l'Afrique du
Sud ou la Nouvelle-Zélande importeront des Capri-
cornes ou des Verseaux.

Tout ceci peut paraître aberrant mais j'ai eu cette
vision dont tous les tenants de l'astrologie comprendront la portée. De tels échanges de population se
produisant selon l'axe nord-sud entraîneront aussi le
mélange des sangs et des ethnies. Les problèmes de
racisme que connaît notre époque iront s'atténuant
jusqu'à leur éradication. L'Afrique noire mettra plus
de temps que les pays de la civilisation européenne à

adopter les méthodes de naissance contrôlée mais elle y viendra à son tour à la fin de la première moitié du XXIe siècle.

Ainsi voit-on se dessiner une nouvelle configuration du monde qui ne prendra sa forme définitive qu'au fur et à mesure que le Verseau dominera dans le ciel. Ce sera un monde de compréhension et de douceur où les hommes auront enfin admis que les femmes sont leurs égales. Celles-ci seront en plus grand nombre car le processus déjà amorcé se poursuivra. Il y aura dans un proche avenir deux femmes pour un homme. Je vois plus de naissances de filles que de garçons. Cette prépondérance féminine sera le gage de la paix. Les femmes dirigeront le monde au cours des siècles à venir. Et ces femmes qui auront voulu leurs enfants et choisi le moment de les appeler à la vie ne voudront jamais voir réapparaître le spectre de la guerre.

# 6

# La société de demain

1997 verra l'avènement du Verseau et les enfants nés sous cette influence bénéfique, ceux qui vivront cette ère de sensibilité et de compréhension mutuelle, ne connaîtront ni les angoisses, ni les conflits intérieurs, ni les arrachements soufferts par leurs aînés, esclaves malheureux des vibrations maléfiques des Poissons.

Ces privilégiés, ces êtres irradiants et bénis des dieux, ceux-là marcheront droit vers la vérité. Leur sixième sens les conduira, les protégera, les poussera à choisir leur destin parallèle, celui qui leur conviendra le mieux. Ils n'auront plus besoin de se référer à d'autres qu'à eux-mêmes. Ils profiteront de leur destin parallèle, sauront s'y adapter instinctivement sans commettre les erreurs nées de l'aveuglement qui brisaient l'existence de leurs ascendants.

Quel ne sera pas l'étonnement, voire la stupéfaction, des parents incapables de comprendre l'aisance et la facilité avec lesquelles leurs enfants, fils et filles du Verseau, s'inséreront à l'intérieur d'un destin qui leur ira comme un gant!

Viendra le temps de comprendre et d'appliquer le mot de Jacques Chardonne, l'auteur de *L'Amour*, *c'est plus que l'amour* : « Il faut avoir le courage d'abandonner ses enfants car leur sagesse n'est pas la nôtre. »

Hélas, je vois que les aînés ne pourront ni ne sauront comprendre ces nouveaux humains engendrés par eux mais si radicalement différents. Je vois ces parents qui freineront l'évolution pourtant inexorable de nos sociétés, je les vois et je leur crie :

« Attention, rentrez en vous-mêmes, regardez vos enfants, et, par pitié, laissez-les faire. Ils savent d'instinct ce que vous ne pouvez soupçonner. Vos yeux sont obscurcis. Ces enfants sont d'une autre essence et jouissent d'une influence bénéfique que vous n'avez jamais connue. »

Je le promets à ces parents qui souffriront, c'est vers le bonheur, la justice et la paix que marchent leurs enfants même s'ils ne le comprennent pas encore.

Je supplie ces parents aveugles de laisser avancer ces jeunes vers leur destin sans intervenir, qu'ils ne se posent pas de questions. Les enfants du Verseau seront plus clairvoyants qu'eux et conscients du rôle qu'ils auront à jouer dans la société de demain, cela dès l'âge de quinze ou vingt ans.

Très jeunes ils sauront choisir leur vie, leur carrière, leurs amours et parfois leur pays, car les destins différeront d'un pays à l'autre.

Tout sera clair dans leur esprit, si clair qu'ils ne pourront commettre les erreurs de ces mêmes aînés qui brandiront leur expérience sans deviner à quel point cette expérience a pu être malheureuse. Le prétendu savoir des ancêtres a été trop souvent bâti sur le malheur, les guerres, la famine, la torture, une succession de tragédies.

Rien ne pourra interrompre la marche des enfants du Verseau, pas même les tentatives maladroites de leurs parents. Ces jeunes-là bâtiront un monde meilleur sans se laisser influencer.

La génération intermédiaire, hommes ou femmes de trente, trente-cinq, quarante ans, ne pourra éviter le tiraillement entre l'ère des Poissons et celle du Verseau. Ils auront à subir les conseils de leurs aînés mais regarderont avec une sorte d'envie ces jeunes de vingt ans, capables de mieux mener leur vie que la génération plus expérimentée des trente-cinq, quarante ans. Ce sentiment sera plus fort en face des très jeunes enfants. Avec le siècle prochain nos descendants feront progressivement disparaître le conflit entre les générations.

Les enfants auront encore le choix entre la fatalité du destin initial incarnée par les parents qui subiront encore l'influence de l'ère des Poissons, et d'autres destins parallèles. Décider leur sera facile, éclairés qu'ils seront par le Verseau.

Ils n'emprunteront plus les sentiers de l'erreur, et la domination des parents ne pourra contrarier le destin qui les conduira, comme toute l'humanité, vers un monde meilleur.

On verra de moins en moins d'enfants prendre la succession de leurs parents. D'ailleurs je touche du doigt, tous les jours, lors de mes consultations, ce changement qui s'annonce dans notre société. Je constate, je vérifie qu'il n'y a plus continuité entre parents et enfants. Ces derniers échappent au monde de leurs pères.

Ceci me frappe d'autant plus que je vois des hommes et des femmes à la tête d'affaires commerciales, d'usines florissantes. Leurs enfants pourraient prendre leur suite sans chercher ailleurs. Cela leur serait facile et c'est ce que souhaitent le plus souvent les parents. Ils ont travaillé pour assurer la sécurité de leurs enfants, pour leur donner un outil de travail.

Ce rêve des parents ne se réalise pas. Les enfants font d'autres études, choisissent une orientation inattendue, décident de vivre leur vie à leur façon, savent ce qui leur convient, se connaissent et décident en fonction de leurs goûts et non des désirs familiaux. Par les cas que je rencontre tous les jours, je constate qu'il y a rupture entre les parents et les enfants et je ne m'en étonne pas. Je m'en réjouis, car j'en connais la cause. Je vois sous mes yeux s'installer les prémices de l'ère du Verseau.

Les lieux géographiques comme les maisons, les régions, les pays jouent leur rôle dans le destin. Il y a des maisons bénéfiques pour les uns, maléfiques pour les autres. Il est évident que ce qui fut favorable aux parents ne le sera pas à leur progéniture.

Jésus-Christ l'a dit : « Il y a beaucoup de demeures dans la maison du Père. »

Rien ne sert aux parents de s'inquiéter quand leur enfant part faire carrière loin du nid familial. Il a choisi d'aller réussir ailleurs aussi bien sa vie que sa carrière professionnelle, provoquant l'élargissement de la cellule familiale.

Les enfants ne prenant plus la succession de leurs parents, les sociétés de demain assisteront à l'éclatement de la cellule traditionnelle.

Tel est leur destin.

Cette tendance que je perçois ira en s'accentuant. Parents, ne croyez plus que vos enfants voudront vous succéder.

Je vois certaines familles puissantes aujourd'hui se désagréger de façon dramatique. Des affaires mondialement célèbres changer de mains car les enfants ne voudront pas continuer l'œuvre paternelle. Ils refuseront la solution de facilité.

Il y a toujours eu ce qu'on appelait déjà au
XVII<sup>e</sup> siècle le conflit entre les anciens et les modernes, mais, jamais, ce combat n'aura été aussi radical,
aussi profond. Les dés seront jetés. La preuve en sera
faite quand viendra une nouvelle génération. Les
enfants de nos enfants ne connaîtront pas, eux, les
conflits actuels.

Viendra alors le temps où parents et enfants
vivront ensemble l'ère du Verseau, contrairement à
la génération d'aujourd'hui, à cheval sur deux époques. Nous vivons à la charnière du Temps.

Au XXI<sup>e</sup> siècle il n'y aura plus conflit entre parents
et enfants mais fusion et osmose. Les enfants ne
feront plus carrière dans la même branche que leurs
parents mais ils ne se heurteront plus à ce sujet, car
la compréhension régnera entre les générations.

Dans la société future, les entreprises ne seront
plus ce qu'elles sont aujourd'hui. Soit elles devien-
dront d'immenses trusts, des multinationales puissantes, soit elles resteront de moyenne importance
et elles ne vivront que le temps d'activité d'un seul
individu. Elles naîtront et mourront avec leur fondateur.

# 7

# L'amour de A à Z

« L'amour est tout! » assure le poète. Quoi de plus vrai! L'amour mène le genre humain. Jeunes ou vieux, riches ou pauvres, tous obéissent à sa loi. Quelles que soient la couleur de leur peau, leur religion, leurs opinions politiques, hommes et femmes sont concernés par l'amour. Chacun de nous le ressent. Chacun de nous peut le constater autour de lui. Cette évidence est confirmée par plus de vingt-cinq ans de carrière au cours desquels j'ai eu chaque jour à résoudre pour mes consultants les problèmes amoureux auxquels la vie les confrontait. Jusqu'à présent, dans de nombreux cas, ceux-ci n'avaient qu'à subir les conséquences d'un choix malheureux ou la conclusion fatale d'une situation inextricable. L'ère des Poissons faisait peser sur eux une chape de déchirements et de drames. Rares étaient ceux pour qui se dessinait la possibilité d'un destin parallèle. Quand je leur indiquais cette issue, plus rares encore étaient ceux qui avaient le courage de suivre mon conseil.

Dès aujourd'hui, heureusement, l'influence bénéfique du Verseau qui se fera de mieux en mieux sentir offre en amour des destins nouveaux, soit que surviennent des événements imprévus, soit que le sujet effectue consciemment une meilleure prise en charge de lui-même.

J'ai sélectionné vingt-six situations qui, selon mon expérience, reviennent le plus fréquemment dans les relations amoureuses. Ce chapitre ne représente pas la totalité des cas de figures, car le cœur humain est si complexe que des situations hors du commun se présentent parfois. Ce sont des exceptions, ces cas particuliers qui demandent une analyse individuelle. Je les ai donc écartés.

Les couples sans problèmes forment la majorité. On n'en parle guère car, comme les peuples heureux, ils n'ont pas d'histoire. Aussi ne font-ils pas la une des journaux et leurs noms n'apparaissent-ils pas dans la rubrique des faits divers. Ces hommes et ces femmes qui vivent en harmonie avec leur compagnon ou leur compagne ne se reconnaîtront pas dans ces situations. Je leur souhaite de ne pas s'y reconnaître dans quelques années. Il y a peu de risques car leur bonne entente prouve qu'ils se sont rencontrés au cours d'une conjonction favorable. Je pense que certains d'entre eux ont pu se connaître dans une vie antérieure. Car je crois à la réincarnation et aux vies successives. Avec le poète latin Ovide, je sais que : « Rien ne périt dans le vaste univers, que tout varie, change de figure et que ce qu'on appelle naître, c'est commencer d'être autre chose que ce que l'on était auparavant. » Quand deux êtres se sentent instinctivement attirés l'un vers l'autre, quand ils connaissent ce que l'on appelle le « coup de foudre », c'est qu'ils se sont connus, vus et aimés dans une vie précédente. De même une antipathie spontanée a bien des chances d'avoir pris racine dans une existence antérieure qui échappe à la mémoire.

## A. L'AUBE DE L'AMOUR

Mœurs libérées, révolution sexuelle, de nos jours les jeunes gens vivent sentiments et vie charnelle d'une façon radicalement différente de celle de leurs parents ou de leurs grands-parents.

Le mariage de convenance, où futurs époux devaient obéir au choix de leurs familles qui organisaient rencontre prétendument fortuite et contrat de mariage, a fait long feu et, avec lui, l'obligation de virginité de la fiancée. Rares sont celles de nos grands-mères, mariées à quinze, dix-huit ou vingt ans qui ont « connu » un homme avant leur mariage. Si tel était le cas, elles cherchaient avant tout à le cacher. D'où les unions mal assorties et souvent malheureuses, fatalité à laquelle les jeunes gens n'avaient aucun moyen d'échapper.

De nos jours, jeunes gens et jeunes filles se rencontrent et s'aiment librement pour quelques mois ou quelques années. Je vois dans ce changement des habitudes en amour le début de l'influence de l'ère du Verseau. Le destin-fatalité est tenu en échec. Il ne peut plus tromper les êtres en les jetant les yeux bandés, pieds et poings liés dans les obligations d'un mariage de convenance. Ils peuvent choisir en toute connaissance de cause. C'est ce qui fait la différence entre l'ère des Poissons et celle du Verseau.

Les nouveaux couples qui se seront choisis librement ne se sépareront-ils jamais? Non, bien évidemment. Il y aura des séparations, mais chacun ira vers son destin, sans pour autant déchirer son compagnon. L'hypocrisie disparaît et les amoureux d'hier se quitteront demain en amis. Leur vie simplifiée est plus réaliste que celle de leurs parents.

Des jeunes de plus en plus nombreux viennent me

consulter avant de vivre ensemble ou avant de se marier. Ils veulent savoir s'ils ont choisi l'homme ou la femme de leur vie. Cette prise de conscience de la jeunesse moderne, qui veut faire le bon choix avant de s'engager et surtout avant de faire des enfants, représente un point très important.

Face à leur liberté, dégagés de l'ancienne fatalité qui faisait peser son joug sur la vie de leurs parents, ils refusent de se tromper et d'en faire porter la faute au destin.

Ils ne prononceront pas la phrase souvent entendue, qui échappait à leurs grands-parents : « Je me suis mal marié, c'était le destin. »

Les hommes et les femmes sont responsables de leur choix en amour et le destin n'a plus de rôle à jouer dans leurs échecs. Le voyant qui voit plus clair et plus loin que les futurs époux peut intervenir et dire :

« Oui, vous serez heureux ensemble pour la vie ou pour une période limitée. »

Ou :

« Non, il y aura des problèmes. Attendez. Vivez ensemble, vous vous aimerez un an ou deux et vous comprendrez que cette union n'est pas assez solide, que vous ne pourrez pas marcher ensemble au long du chemin de la vie. Viendra le temps de vous séparer pour rencontrer, choisir l'âme sœur avec qui vous partagerez un destin. »

Au XVIIe siècle, le moraliste qu'était le duc de La Rochefoucauld écrivait : « Il n'y a guère de gens qui ne soient honteux de s'être aimés quand ils ne s'aiment plus. »

L'ère du Verseau verra la fin de cette hypocrisie.

Les relations entre les hommes et les femmes s'adouciront grâce à cette attitude qui interdira les divorces déchirants où chacun des époux se dispute les enfants, incapables de trouver un terrain d'entente, de construire une relation équilibrée. L'harmonie de parents même séparés réjouirait tant les malheureux enfants de ces couples que nous voyons se haïr jusque sur les écrans de télévision, n'hésitant pas à prendre leurs propres enfants en otages de leur haine, à les dresser contre l'autre conjoint. Ils meurtrissent ainsi de jeunes êtres innocents du conflit opposant leur père et leur mère et qui ne savent plus auquel donner leur cœur.

B. L'HOMME ENTRE DEUX FEMMES OU LA DOUBLE INCONS-TANCE

Nombreux sont les hommes qui à un moment ou à un autre de leur vie ont aimé deux femmes : l'épouse et la maîtresse.

L'homme s'habitue aisément à cette situation. Il perpétue ce double mensonge grâce à un raisonnement simple : « Je trompe ma femme mais je ne la quitterai pas. Quant à ma maîtresse, elle m'aime tant que je ne peux me passer d'elle. »

Il ne veut pas divorcer pour une autre femme mais souhaite vivre une sorte de bigamie clandestine dont il se satisfait.

S'il arrive qu'au cours de la première année de liaison, dans le feu de la passion, l'amant divorce et quitte sa femme pour sa maîtresse, c'est assez rare et ne se produit jamais pour peu que la liaison se prolonge. La double vie peut durer vingt ans et plus.

A moins que la maîtresse, libre, veuve, divorcée ou célibataire, ne rencontre un autre amoureux sans entraves, qui lui permettra de quitter l'ombre pour

vivre au soleil une nouvelle histoire amoureuse. Elle
rompt alors le lien.

L'homme souffrira si sa maîtresse l'abandonne,
mais il souffrira autant si sa femme le quitte, lassée
d'un mari fuyant qui la délaisse trop souvent et dont
elle a deviné l'infidélité. Elle aussi peut rencontrer
un autre amour plus sûr et oublier l'infidèle.
L'homme se désespère quelle que soit la femme qui
s'en va, épouse légitime ou maîtresse cachée.


Dans ce genre de situations, s'il y a un dénouement, ce n'est pas l'homme qui prend la décision
mais l'une ou l'autre des femmes impliquées.

Le plus souvent, l'homme ment. A sa maîtresse,
il dira : « Tu vois, ma chérie, j'ai divorcé pour
toi », quand, en vérité, c'est sa femme qui, fati-
guée de son inconstance, a décidé de le quitter.
Si sa maîtresse l'abandonne, il affirmera à son
épouse : « Je reviens au foyer. Nous allons recom-
mencer au début. »

Persuadé de sa sincérité, il parle avec émotion,
refuse de s'avouer qu'il n'a pas pris la responsabilité
d'une décision qui en réalité vient des femmes.
L'homme que sa femme ou sa maîtresse a abandonné ne l'admettra jamais. Il préfère mentir.

Le mensonge en amour est un élément négatif.
L'amour est si important dans l'existence humaine
qu'il ne faut pas laisser s'y glisser la présence du
mensonge destructeur de la conscience et de l'inté-
grité de la personnalité. Le mensonge en amour est
plus grave que le mensonge en affaires. Il détruit
l'âme même de l'homme qui s'y abandonne. Malheureusement, je ne peux que le constater, quand il
s'agit de sentiments, l'humain ment, ment et ment
encore, ignorant le mal qu'il se fait à lui-même, le

venin qu'il injecte dans ses veines, poison qui tôt ou tard le détruira.

### C. QUAND UNE FEMME HÉSITE ENTRE DEUX HOMMES

Le cas de la femme amoureuse de deux hommes est plus rare. La femme a un instinct de nidification. Une femme cherche d'abord à bâtir un foyer avec l'homme qu'elle aime et qu'elle admire, celui qu'elle considère comme l'homme de sa vie. Souvent l'admiration fonde l'essentiel de sa relation avec l'élu qu'elle prendra pour mari.

Un homme s'imagine être l'homme de toutes les femmes. Une femme au contraire rêve du chevalier qui sera le seul homme de son existence. Quand l'histoire nous décrit les harems orientaux, où le sultan rassemblait les plus belles femmes de son royaume ou se chargeait de faire enlever au-delà des mers celles qui sauraient l'émouvoir, nous voyons que l'instinct de l'homme le pousse à aimer plusieurs femmes à la fois.

En revanche, qu'elles soient impératrices de Chine, ou issues d'une minuscule tribu d'Afrique noire, les femmes n'ont pas créé au cours des tribulations de l'histoire d'institutions équivalentes à celle du harem où elles auraient rassemblé plusieurs hommes pour pouvoir les aimer ou s'en faire aimer à leur guise.

Un homme marié et heureux en ménage a envie de plaire aux femmes qu'il croise au cours de son existence. Le don Juan sommeille sous l'écorce du père de famille, mais la femme n'a envie de plaire que pour se rassurer sans tomber dans les travers de Messaline, cette dévoreuse d'hommes. Il est bien sûr des exceptions.

Bien qu'il soit rare qu'une femme soit amoureuse de deux hommes, on peut décrire plusieurs cas de figure.

La femme mariée qui aime ailleurs : elle a été souvent déçue par son mari. La démarche n'est pas la même que celle de l'homme qui prend une maîtresse. La femme qui a un amant a quelque chose à reprocher à son mari, soit sur le plan physique ou moral, soit sur celui du comportement quotidien. Il se peut que le mari ait un caractère fantasque, une nature paresseuse, qu'il abuse de l'alcool, soit joueur, ait une ou plusieurs maîtresses, bref qu'il rende la vie commune difficile. La femme qui a un amant essaiera par tous les moyens de quitter son mari pour vivre avec celui qu'elle aime. Si elle a des enfants, elle attendra qu'ils grandissent pour pouvoir refaire sa vie. Il s'agit plutôt d'une femme victime du destin-fatalité qui ne lui a pas permis de rencontrer l'homme de sa vie et qui entrevoit un destin parallèle meilleur.

Il se peut au contraire qu'il s'agisse d'une femme célibataire et libre, amoureuse de deux hommes à la fois. Il faut lui conseiller de vivre avec l'un et avec l'autre, je veux dire d'avoir des relations physiques avec les deux, de façon à gagner du temps afin de pouvoir discerner lequel a le plus d'affinités avec elle, celui avec lequel elle se sent le mieux.

Il faut que l'homme qu'elle a choisi soit libre. Dans le cas contraire, elle se verra obligée de l'attendre. Le voyant peut l'aider, car il sait, lui, si cet homme se libérera pour elle et si ce jour est proche ou lointain. La fatalité n'est plus inéluctable.

J'ai constaté qu'une femme amoureuse de deux hommes ne le reste pas longtemps. Son cœur finit par choisir dans un laps de temps bref. Le moment vient vite où elle va s'attacher à l'un plus qu'à l'autre. L'homme qui aime deux femmes peut rester amoureux des deux indéfiniment.

Une femme ne peut aimer deux hommes à la fois pendant vingt ans. Elle rêve de n'appartenir qu'à un seul et non à se partager. Ce ne peut être qu'un moment de sa vie, jusqu'à ce que son destin s'éclaircisse.

Vivre entre deux amours, elle ne le peut, ni ne le souhaite, bien que le cas existe. Mais il est rare. Je ne l'ai rencontré qu'une ou deux fois dans ma clientèle et cela en vingt-cinq ans de carrière, alors que trois fois par jour j'ai à connaître d'hommes amoureux de deux femmes, depuis des années et des années.

La femme partagée choisit. L'homme partagé ne prend pas de décision. Il laisse pourrir la situation.

## D. Les bisexuels

L'ère des Poissons fut celle des tabous et essentiellement des tabous sexuels qui entravaient l'existence et la liberté des individus. L'ère du Verseau sera celle de la tolérance et de la communication qui balaiera ces interdits.

La violence masculine, le machisme primaire du mâle conquérant diminuant progressivement, les hommes connaissent l'aventure homosexuelle, puis l'oublient, se marient, rentrent dans l'ordre.

Toutefois, le coup de tonnerre de la passion homosexuelle peut frapper un homme jusque-là marié et qui vivait heureux avec sa femme.

C'est une tragédie, le malheureux déchiré entre

son nouvel amour pour un autre homme et sa femme ne sait plus à quel saint se vouer, craint d'être mis au ban de la société, d'être sévèrement jugé. Les tabous sont toujours là qu'il redoute d'enfreindre. Cet homme emporté par sa nouvelle passion n'en éprouve pas moins pour son épouse les sentiments de tendresse et d'affection que crée l'existence en commun. En proie aux affres d'une passion interdite et pourtant croissante, le malheureux souffre, ne sait plus quelle décision prendre. Victime de l'éternel conflit entre l'amour et le devoir, s'accusant de vouloir abandonner sa femme, mais incapable de renoncer à l'objet de sa flamme, le bisexuel vient alors voir le voyant pour l'interroger sur son destin.

La plus grande vertu, indispensable au voyant, c'est la tolérance et la compréhension pour l'homme ou la femme qui viennent le consulter et cherchent à résoudre leurs conflits destructeurs. Je veux rassurer ces âmes inquiètes qui s'interrogent, se demandent si elles sont anormales, si elles doivent accepter d'être rejetées par une opinion publique cruelle. Je pense à ce mot de Marcel Proust, se référant à l'Antiquité grecque. Il écrit dans *Sodome et Gomorrhe*: « Il n'y avait pas d'anormaux quand l'homosexualité était la norme. »

Il n'y a pas d'anormaux en amour et je m'emploie à rassurer mes consultants sur ce point sans leur mentir.

L'expérience m'a appris à ne jamais cacher la vérité à l'épouse affolée qui vient me révéler que son mari aime un autre homme, pas plus qu'au mari déchiré partagé entre amour interdit et devoir conjugal.

Si l'homme a des tendances homosexuelles tôt ou tard viendra le jour où il quittera son foyer, abandonnera sa femme pour se réaliser à l'intérieur d'un nouveau destin, qui était le sien mais que lui avait masqué le voile des tabous. Il gardera de la tendresse pour sa femme. Ils se quitteront bons amis, mais il finira par aller vers celui qui incarne son destin parallèle.

Ce choix nouveau n'est rendu possible que par l'imminence de l'ère du Verseau. Nous sommes conscients qu'il y a cinquante ans un tel choix eût été interdit. Les deux époux auraient vieilli côte à côte donnant l'apparence d'un couple uni mais quel enfer entre eux! Des querelles, des mensonges! Ils auraient connu l'amertume des êtres mal assortis condamnés à la haine et à la violence qui naissent du manque d'estime et de compréhension.

Désormais, ils peuvent choisir un autre destin. De nos jours les enfants d'un tel couple sont en mesure de comprendre pourquoi leur père quitte leur mère pour aller vivre avec un autre homme un amour qui était son véritable destin, inscrit dans son avenir. Ils voient d'un œil favorable le remariage inévitable de leur mère. Chacun trouve sa solution. Tout rentre dans l'ordre. Les mœurs évoluent vers plus de tolérance qui sera la victoire de l'ère du Verseau.

E. LES BISEXUELLES

On remarque moins les femmes bisexuelles et, pourtant, il faut en parler. Je veux analyser tous les cas de l'amour. Il peut aussi arriver qu'une femme, même mariée, même ayant un ou plusieurs enfants, éprouve une immense passion pour une autre femme.

Aujourd'hui, ce type de sentiment n'est plus guère tenu secret. Ce que sa grand-mère aurait caché au plus profond de son cœur et de son corps, la femme moderne n'éprouve plus la nécessité de le passer sous silence. Sans pour autant faire parade de ses tendances, elle peut en parler, évoquer son problème, chercher à le résoudre en discutant avec ses amis ou ses amies. Je l'ai constaté, il est plus rare qu'une femme mariée se découvrant bisexuelle rompe, quitte mari et enfants, divorce et aille vivre avec une autre femme.

Les femmes, même en aimant passionnément ailleurs, ont besoin de la solidité de l'homme, du mari et du lien conjugal, d'autant plus si elles ont rencontré un homme aux idées larges et peuvent continuer à l'aimer tranquillement. Il représente pour elles ce nid familial qui leur reste nécessaire. Elles ne vont pratiquement jamais au divorce. La plupart des hommes ont toujours admis assez aisément les rapports sexuels entre femmes. Dans la Chine ancienne où la polygamie était courante chez les riches, en Orient dans les harems, les jeux d'amour entre concubines étaient considérés avec une souriante indulgence. Il en est resté quelque chose dans les temps modernes, même aux époques rigoristes. Sauf dans le cas d'une passion qui fait oublier ses devoirs à l'épouse, l'homme considère avec assez de mansuétude une liaison qui ne porte pas atteinte à son orgueil de mâle, qui excite parfois son imagination et qui, raison profonde inhérente à sa fonction de géniteur, ne peut porter atteinte à sa lignée.

## F. LE SIDA

Il est difficile de parler d'amour homosexuel ou hétérosexuel sans évoquer le sida.

La possibilité de transmission hétérosexuelle du sida est connue et a été démontrée, même si les pouvoirs publics ont feint de vouloir l'ignorer. C'est ainsi qu'au cours d'un récent colloque à Marnes-la-Coquette, on évoquait dans les couloirs l'histoire de cet homme d'affaires africain aujourd'hui décédé et qui partageait ses faveurs entre de nombreuses maîtresses. On a pu établir qu'en Belgique huit d'entre elles avaient été contaminées. Ces femmes sont aujourd'hui hospitalisées. Les médecins ont constaté que leurs autres partenaires sexuels étaient porteurs de virus du sida.

La contamination peut se produire dès qu'il y a contact sanguin, ce qui explique la réticence des infirmières et du personnel hospitalier à soigner ces malades. Encore mal connu, ce mal, par sa violence, mais aussi par son mystère, suscite la peur et l'opprobre. Je citerai le cas de cette famille australienne obligée de quitter la ville et même le pays, parce que l'un des enfants était atteint du sida, et qui trouva refuge dans un coin isolé de Nouvelle-Zélande.

Le sida ne touche pas seulement les homosexuels mais aussi les hétérosexuels et même les enfants. Cette maladie terrible a eu une conséquence directe pour les couples homosexuels sur lesquels les médias ont fait reposer la responsabilité de la propagation du mal. Elle a conduit à davantage de fidélité les couples d'hommes.

Il ne faut pas imaginer que le monde de l'homosexualité ignore l'amour et la fidélité. Il reflète l'autre. Il a ses foyers stables et heureux qui ont su faire face à l'opinion et se garder des excentricités d'une minorité marginale.

Le bonheur n'a que faire des tabous et de ce que pensent les « autres ». C'est une plante vivace qui s'épanouit sur tous les terrains, même sur ceux qui sont stériles. La crainte du virus a rapproché les couples homosexuels en les amenant à une vie plus rangée qui leur permet d'éviter la contamination.

L'Église catholique romaine condamne l'homosexualité. C'est une preuve d'intolérance, de manque d'indulgence et de compréhension. Elle condamne les homosexuels comme elle condamne ceux qui se rendent coupables du péché de chair avant le mariage, ceux qui commettent l'adultère, ceux qui divorcent, ceux qui pratiquent la contraception. Elle refuse de voir l'accomplissement spirituel qui accompagne la réalisation d'un grand amour, nécessaire pourtant à l'être humain pour devenir meilleur.

Si je devais me laisser arrêter par ce type de préjugés, je ne pourrais pas traiter chaque sujet avec la clairvoyance qui peut pourtant amener le dénouement d'une crise émotionnelle.

N'oublions jamais, si nous rencontrons des homosexuels dans la vie ou dans notre famille, qu'on ne devient pas homosexuel. On naît homosexuel. Impossible d'aller contre, de changer quoi que ce soit à un état de fait. Il faut tirer le meilleur parti d'une situation parfois difficile à vivre, souvent douloureuse, toujours délicate.

Le voyant joue son rôle face aux homosexuels qui viennent le consulter. Souvent l'un d'eux me montre la photo de l'homme qu'il aime. Il me demande conseil comme dans le cas d'amours hétérosexuelles. Le seul critère que le voyant doit envisager, c'est la qualité de l'amour de ces êtres. Vivent-ils un grand amour? Quels sont son destin futur, ses chances d'épanouissement? Ce couple pourra-t-il se réaliser au mieux de ses tendances et de ses désirs profonds? C'est là que, moi, je peux intervenir. Je peux dire, clairement, s'il s'agit d'une brève rencontre ou d'un amour durable sur lequel mon consultant pourra bâtir son existence et celle de son compagnon.

L'amour est toujours une profonde et grave affaire. Femmes ou hommes sur cette terre ont le droit de se poser la question, de savoir s'ils seront aimés ou non.

Quant à cette maladie de l'amour qu'est le sida, j'affirme qu'elle sera terrassée dans un maximum de deux ans. Il est difficile en voyance de donner des dates précises. Le temps nous échappe toujours un peu mais je vois avec certitude un grand succès pour l'Institut Pasteur qui mettra au point un vaccin efficace capable de protéger les populations du globe contre le fléau qui peu à peu régressera pour finir par disparaître. Certains pays d'Afrique noire resteront victimes de la maladie qui sévira plus ou moins de façon endémique, pendant encore quelques années.

La décision du ministre français de la Santé de faire du sida une grande cause nationale sera positive si elle aboutit à dégager assez de crédits pour donner aux chercheurs les moyens de poursuivre leurs expériences de laboratoire. Il faut aussi que cesse cette concurrence commerciale entre la France et les États-Unis pour être le premier pays non à guérir le mal mais à lancer sur le marché des remèdes aux bénéfices financiers prometteurs.

La concurrence est un facteur d'émulation mais, dans un domaine où la vie humaine est en jeu, elle doit être désintéressée. Le Verseau approche qui donnera aux scientifiques une conscience plus claire de leurs devoirs.

### G. Reconnaître l'homme de sa vie

La grande arme des femmes c'est leur intuition. Qualité qui ira en se développant au cours des prochaines années. L'homme du Verseau fera preuve de davantage d'intuition en restant en deçà de la subtilité de sa compagne.

Les femmes sauront percer à jour celui qu'elles aiment. Je leur conseille de continuer d'observer, d'examiner l'homme de leur vie et de vivre avec cet homme afin de savoir qui il est.

S'agit-il d'un célibataire ou d'un homme marié? Je conseille à celles que tourmente le doute d'inviter le suspect à déjeuner, mais pas n'importe quand : un dimanche à midi. Il ne pourra pas prétendre qu'il est invité à un repas d'affaires et son épouse ne le laissera pas rendre visite à sa vieille tante malade à cette heure de la journée! Nombreux sont les hommes qui disent être libres et qui sont pères de deux ou trois enfants et bien décidés à ne jamais abandonner le confort du foyer familial même s'ils rêvent d'en briser la routine.

Outre l'ardeur qu'éprouvent les amoureux au début d'une liaison, il ne faut pas manquer de tenir compte des affinités, des points communs qui leur permettront de vivre ensemble. Le comportement d'un homme avec une femme lui en dira long quant au rôle qu'il va jouer dans sa vie. Pour pouvoir analyser ce comportement, une femme ne doit pas se contenter de brèves rencontres d'une heure ou deux après le travail ou au cours de la journée : il faut emmener son ami en vacances huit jours, quinze jours, un mois si possible. Tout sera plus évident. Elle verra s'il est heureux et détendu ou au contraire s'il pense à autre chose, s'il se précipite pour téléphoner à la moindre occasion, ou, pire, s'enfonce dans un journal ou dans un livre pour éviter de discuter avec elle. Il faut saisir cette occasion pour faire découvrir à son amant ce qu'elle aime. Qu'elle observe ses réactions, s'il est heureux avec elle et en même temps qu'elle, si les mêmes spectacles, les mêmes émotions les touchent. Ainsi elle saura s'il est amoureux d'elle, sinon, elle comprendra qu'il n'est pas libre et que, même auprès d'elle, il se soucie d'un ailleurs qui peut bien être une autre liaison. S'il n'est pas sincère, ce ne peut être l'homme de votre vie. Mieux vaut rompre plutôt que de s'enferrer dans une relation avec un homme qui n'est pas fait pour vous.

L'amour, dit le poète, rend l'âme « plus transparente qu'un clair miroir ». Je l'approuve et conseillerai à une femme éprise de se méfier d'un homme qui ne parle pas de son passé, préfère éluder les questions, à condition bien entendu que lesdites questions restent discrètes et amicales. Il faut qu'elle le sache : en amour le silence cache souvent l'absence d'espérance. En revanche, dès que l'amant révèle à sa maîtresse les secrets de sa vie, de ses affaires, de sa vie sentimentale ancienne, elle peut être sûre de son amour et de son attachement.

Il est un discours dont je ne conseillerai jamais trop de se méfier : celui du veuf ou du divorcé qui ne cesse de décrire les charmes et les qualités de son ancienne épouse. Dans le cas du veuf, la mort embellit ceux qu'elle emporte, celle qui n'est plus

demeure dans le souvenir belle et paisible, pleine
de vertus que peut-être son mari ne lui reconnais-
sait guère de son vivant. Seuls les morts suscitent
des regrets. Les vivants sont, le plus souvent,
méconnus et délaissés.

Ainsi va le monde et je sais qu'il est difficile de
vivre avec un veuf ou de l'épouser. Mieux vaudrait
éviter l'homme qui ne cesse d'évoquer les charmes
d'une beauté éteinte chez qui les qualités de l'âme
ne le cédaient en rien à celles du corps. C'est un
supplice pour la nouvelle épouse et elle devrait fuir
plutôt que d'en écouter davantage.

S'il s'agit d'un veuvage récent, on réagira différemment. Il est normal que la douleur soit encore
sensible. Le temps, ce grand consolateur, n'a pas
encore accompli son œuvre. Mais il faut se méfier du
veuf qui nourrit son chagrin de ses récits, s'en repaît
et oublie d'aimer car, d'une part il en est incapable,
d'autre part, il a pris l'habitude de se rendre intéressant grâce à ses souffrances passées. Rien ne l'empêchera plus de les évoquer au détriment de la vie
nouvelle qui pourtant s'offre à lui. Il faut renoncer à
guérir l'incurable.

Ouvrez les yeux aussi si vous tombez amoureuse
d'un vieux célibataire. Il est évident qu'il s'agit d'un
réfractaire au mariage, d'un homme qui n'a jamais
voulu se laisser séduire mais qui néanmoins n'a pas
pu passer sa vie sans connaître de multiples aven-
tures amoureuses. Don Juan restera toujours don
Juan et, à l'inverse, un Tristan restera fidèle à son
Iseult. Je n'ai jamais rencontré d'exemple de cou-
reurs qui soient devenus des saints. Mieux vaut ne
pas l'oublier.

Les coups de foudre sur la plage, sous les coco-
tiers, au soleil couchant sur la mer sont agréables
et bien vécus le temps d'un été. Mais attention. Si

les hommes sont ravis de vivre une passion de quelques semaines pour retourner ragaillardis vers la télévision familiale, les femmes s'attachent à une aventure qu'elles devraient oublier. Ce serait la sagesse. Elles rêvent que tout va continuer aux brumes de l'automne, sous le givre de l'hiver. Elles téléphonent, écrivent, attendent. Rien ne se produit. L'amoureux d'un été a laissé pâlir sa flamme avec son bronzage. Les couples qui se forment en vacances sont par essence éphémères. On peut citer des exceptions, des amours durables, des couples qui ont continué à s'aimer au retour, mais ceux-là ont souvent de vingt à vingt-cinq ans. A quarante ans, c'est différent. Il faut savoir consommer sur place, cueillir les roses en sachant que leur vie sera brève, qu'on ne pourra pas les transplanter, et accepter de profiter de leur fugace beauté, pour un moment seulement.

Je déconseille à une femme qui pendant ses vacances a rencontré un homme à l'étranger de refaire le voyage pour le retrouver. Ce retour sur un passé récent est voué à l'échec.

Ainsi quand une femme en vacances, en Italie par exemple, en Espagne, en Tunisie ou en Grèce, tombe amoureuse du maître d'hôtel, du garçon de la réception ou de la plage, du barman ou d'un commerçant, elle perd son temps. Inutile qu'elle revienne pour tenter de revivre les mêmes amours de vacances au même endroit. Il faut qu'elle sache oublier, même si sa conquête lui envoie de temps en temps une carte postale, lui promettant de venir un jour lui rendre hommage chez elle. Elle n'incarne pour lui qu'une adresse commode qui lui permettra de passer huit jours sans avoir à payer l'hôtel. Il ne faut pas se bercer d'illusions. Ce type de relation amoureuse n'aboutit jamais. Si la dame se laisse aller à croire aux promesses du bel étranger, elle court à sa perte.

Qu'elles se méfient aussi des hommes d'affaires qui voyagent énormément et sont trop heureux de passer une nuit ou deux avec une femme pour se délasser. Ce type de rencontre est marqué du sceau de la brièveté et du temporaire.

Aujourd'hui, les femmes qui ont désormais le choix de leurs amours doivent faire appel à leur intuition. Elle leur évitera, en discernant très vite l'homme de leur vie, de courir de chagrin d'amour en chagrin d'amour.

Tout est possible en amour. Il n'y a pas d'endroit privilégié pour rencontrer son futur conjoint. Cela peut se passer n'importe où, un hall de gare ou d'aéroport, un train, un bus ou le métro. Il est des circonstances plus favorables. Voyager six ou sept heures dans un train en face d'un homme n'implique pas que vous finissiez par vous marier avec lui. Par contre si la rencontre a lieu tous les jours dans le même train de banlieue, l'amour peut naître. Ils ont commencé par se regarder, ont échangé d'abord un signe de reconnaissance, quelques mots et finissent par découvrir qu'ils ont des goûts et même un destin communs. C'est rare, mais cela arrive, j'en suis témoin.

## H. RECONNAÎTRE LA FEMME DE SA VIE

Problème difficile et complexe. Le cœur d'un homme n'a pas pour le guider ce troisième œil qu'est l'intuition féminine.

Les hommes tombent facilement amoureux de toutes les femmes qu'ils rencontrent. C'est là la difficulté, ils courent davantage le risque de se

tromper, non pas tant sur la femme qu'ils rencontrent, que sur eux et leur propre désir.

Il est des créatures féminines à éviter. Quand un
homme cherche à faire et surtout à refaire sa vie, il
lui faut réfléchir s'il ne veut pas devenir la proie
d'une femme qui lui fera perdre temps et argent. A
quarante ou à cinquante ans, en pleine force de
l'âge, un célibataire ou un divorcé pèse un certain
poids tout en demeurant séduisant. Ses enfants, s'il
en a, sont déjà élevés. Il a peu de charges financières
et une situation solide.

Il lui faut éviter les pièges des femmes intéressées.
La chose n'est pas aisée. La ruse féminine en ce
domaine ne connaît pas de limites.

L'homme se veut l'homme de toutes les femmes,
capable de plaire et de les aimer toutes, alors qu'il
est naïf et maladroit. Il risque de tomber sous le joug
d'une créature dénuée de scrupules qui s'emploiera
à vider son compte en banque en transformant sa vie
en enfer.

Les lois de la démographie ont donné à l'élément
féminin l'avantage du nombre. En corollaire, les
hommes peuvent choisir plus facilement. Ils ont
plus de chances de rencontrer plusieurs types de
femmes dans leur vie.

On croise dans la rue diverses personnes qui nous
permettraient de mener avec elles une vie heureuse.
Les hommes et les femmes de ce siècle sont, hélas,
pressés, courent sans regarder autour d'eux et lais-
sent échapper le bonheur qui peut-être a marché à
côté d'eux, un bref instant.

J'ai eu à connaître de divers types de rencontres
classiques. L'homme d'affaires qui épouse sa secrétaire plus jeune que lui, le commerçant séduit par la
vendeuse en qui il a placé sa confiance, le médecin
que troublent les yeux de son infirmière, l'avocat qui

cède à sa cliente ou à sa collaboratrice directe, l'employé qui fait sa vie avec une collègue de travail.

Quand il s'agit de refaire leur vie, les hommes s'intéressent aux femmes qui leur sont les plus proches, celles qui font partie de leur entourage immédiat.

On croit trop à l'image du chasseur audacieux qui traque sa proie hors des sentiers battus. Lorsqu'il veut se créer un foyer durable, l'homme reste en général sur un territoire familier. Je pense aux cas que je viens d'évoquer : la secrétaire, l'infirmière ou la collaboratrice. Vient le jour où le patron s'imagine que cette assistante si efficace pourrait faire une excellente épouse. Quelle erreur! Il est des femmes extraordinaires sur le plan du travail mais incapables d'assumer le rôle d'épouse et de mère de famille. Ce raisonnement s'applique aussi aux hommes. Il en est d'admirables dans la vie professionnelle qui font d'odieux maris. Dans ce cas ces femmes sont incapables d'être l'épouse-servante-maîtresse dont ces hommes ont besoin.

Je conseille à ceux qui sont à la recherche d'une femme pour la vie de prêter attention à ce qui peut jeter une ombre sur le tableau qu'ils se tracent de leur existence future. Gare aux étourdies qui ne savent pas gérer leur budget, couvertes de dettes, incapables de régler leur note de téléphone et d'électricité, qui ne réussissent pas à payer ni leur loyer ni les traites de leur voiture, accablées de problèmes avec leurs enfants, qui errent de rendez-vous en rendez-vous avec de multiples amies de cœur, ne rentrent jamais chez elles, et arrivent épuisées au bureau. Je dis : « Attention, danger, ce genre de femme sera invivable. »

Il serait plus prudent qu'un homme qui veut

refaire sa vie choisisse sa future épouse en dehors de son milieu professionnel ou de son cercle d'amies. L'élue de son cœur ignore alors l'état de ses finances et risque moins de s'intéresser à son portefeuille.

Les cadeaux, dit-on, entretiennent l'amitié. Il ne faut pas commettre l'erreur de couvrir une femme de cadeaux au cours des huit premiers jours d'une liaison. Cela ne peut qu'éveiller chez elle l'intérêt, peut-être la cupidité. L'homme trop généreux n'a plus aucun moyen de savoir s'il est aimé pour lui-même ou pour la valeur de ses présents.

Depuis quelques années, avec l'évolution des mœurs et les changements de mentalité, les hommes rencontrent des femmes divorcées. Cela ira en s'accentuant. Il ne faut jamais juger une femme, pas plus qu'un homme, sur son divorce. Ce n'est pas parce que quelqu'un a perdu cette procédure qu'il faut en tirer des conclusions sur son être profond. Je citerai le bon Jean de La Fontaine présentant ainsi la morale de sa fable « Le mal marié » :

« Que le bon soit toujours camarade du beau,
Dès demain je chercherai femme;
Mais, comme le divorce entre eux n'est pas nouveau,
Et que peu de beaux corps, hôtes d'une belle âme,
Assemblent l'un et l'autre point,
Ne trouvez pas mauvais que je ne cherche point. »

Aujourd'hui, et bientôt dans l'ère du Verseau où les hommes et les femmes seront égaux, les rapports de force entre les deux sexes changent. Cette évolution ira en s'accélérant car les femmes deviennent les égales des hommes sur le plan du travail. De plus en plus nombreuses à être chefs d'entreprise, ministres, chefs d'État même, ou bien médecins, avocates et pilotes d'avion. On comprend qu'un homme épris d'une telle femme n'ait pas à se poser la question de savoir si elle est attirée par son argent ou par lui. Ce type d'épouse totalement indépendante sur le plan financier ne peut qu'être sincère quand elle manifeste sa tendresse et sa sentimentalité.

L'ère du Verseau verra disparaître la notion d'homme chef de famille. La femme partagera la responsabilité du ménage. L'écart entre les salaires masculin et féminin diminue mais il reste encore en moyenne de 35 p. 100 en faveur des hommes. Il se réduira et dans un proche avenir les carrières féminines seront souvent mieux payées que les masculines. La nouvelle ère verra le triomphe de la communication, de l'intuition. Aujourd'hui, les hommes fabriquent les outils techniques de la communication. Demain les femmes les utiliseront.

I. L'AVENIR D'UNE FEMME LIBRE ET D'UN HOMME MARIÉ
   (sans enfant ou père de famille)

Il arrive souvent que l'amant marié déclare à sa maîtresse : « Je t'aime. Je vais divorcer. Je veux t'épouser! » Cet homme est sincère, mais il ment et, pire, se ment à lui-même.

Rares sont les hommes qui quittent leur femme légitime pour épouser leur maîtresse. Nombreux sont ceux qui ont trompé, qui trompent ou tromperont leur femme. Si ces maris adultères divorçaient pour refaire leur vie avec leur partenaire, les cours de justice devraient siéger jour et nuit. Le nombre de divorces a considérablement augmenté. Il est passé, en France, de 38 949 en 1970 à 98 750 en 1983. Évolution impressionnante due à celle des mœurs et à l'assouplissement de la législation, mais qui est loin de correspondre aux innombrables « coups de canif » donnés par le sexe dit fort au contrat.

Mon expérience me prouve qu'un homme marié ne se sépare de sa femme pour fonder un nouveau foyer avec sa maîtresse que dans les mois qui suivent leur rencontre ou au plus tard dans l'année. Plus l'habitude de mener une double vie se consolide, plus difficile sera pour l'homme de s'arracher à sa femme. Sauf dans le cas où l'épouse prend la décision.

Il est bien connu que l'homme ou la femme trompés sont souvent les derniers à en être informés. Ce qui l'est moins, c'est qu'en découvrant la trahison de leur mari, les femmes ont plus facilement tendance à pardonner que ne le ferait celui-ci. Non qu'elles soient moins sensibles que les hommes à l'affront qui leur a été fait. Elles porteront toujours au cœur une blessure ouverte, l'homme finissant par oublier sauf dans le cas de natures très jalouses. La femme pense à ses enfants et reporte sur eux l'amour qu'elle éprouvait pour celui qui l'a trahie.

Examinons le cas de la maîtresse d'un homme marié. Elle sait qu'elle partage son amant avec une autre. Si cet homme a des enfants de son épouse, elle est consciente qu'elle n'a pas seulement à lutter contre une rivale mais qu'elle a à surmonter la concurrence de jeunes êtres qui tiennent une place privilégiée dans le cœur de leur père. Elle se rend compte aussi que celui qu'elle aime ne peut disposer de son temps pour elle. A son travail s'ajoutent ses obligations familiales, les weeks-ends, les petites et grandes vacances. Les quelques nuits qu'ils peuvent passer ensemble sont des nuits volées au prix de mensonges dont elle est parfois le témoin. Certes, comme chante le poète, « nuptiale est toute nuit pour une femme aimée ». Mais pour la maîtresse les réveils sont douloureux. Ils lui font sentir qu'elle ne peut tenir qu'une petite place dans le cœur de son amant. Est-ce vraiment maîtresse ou servante qu'il faut écrire ? Servante de son seigneur et maître qui la rencontre quand il veut, quand il peut, qui ne vient pas aux rendez-vous quand il ne les annule pas d'un coup de téléphone. La vie de la femme libre enchaînée à un homme qui ne l'est pas est un calvaire. Il y a chez la majorité des femmes, même chez celles qui ont fait l'erreur d'aimer sans espoir d'union, une profonde sincérité en amour.

Je ne suis pas de ceux qui jugent les femmes. J'ai écouté au cours de mes consultations assez de confidences pour savoir qu'à de rares exceptions près le fond de la nature féminine est la fidélité. Les sceptiques hausseront les épaules qui, avec La Rochefoucauld ce grand pessimiste, disent : « Il y a peu d'honnêtes femmes qui ne soient lasses de leur métier. »

Elles aiment la nouveauté, mais pas pour autant le changement. Le drame de cette dernière période des Poissons est qu'elles ne peuvent être sûres de passer toute leur existence avec l'homme qu'elles ont choisi jeunes filles. En ces temps que les moralistes attardés jugent laxistes et sans principes, la jeunesse recherche la stabilité. Elle sait par l'expérience des parents que le mariage peut rarement la lui apporter. Au fond de son cœur il y a une fleur bleue et celle qui passe aux yeux de son entourage pour la plus délurée des gamines est souvent celle qui, sage dans son lit, s'endort en rêvant au Prince charmant.

Quand je me trouve devant une femme qui sacrifie sa vie à un homme marié, je cherche à voir si l'existence ne lui offrirait pas la chance d'un destin parallèle. Sauf exceptions, il est vain pour elle de poursuivre une liaison sans issue. Elle gâche sa vie à attendre l'hypothétique liberté de son amant. Pénélope régnait au moins sur Ithaque. Elle était entourée de prétendants et gardait l'espoir de voir revenir Ulysse son mari. La maîtresse, femme doublement solitaire, subit la désapprobation de sa famille, est peu recherchée par des compagnons ou des amies que lasse sa fidélité à un absent.

J'ai eu la chance de montrer à plusieurs de ces malheureuses qu'il fallait aller à la rencontre du destin, sortir en se fixant des buts : un monument, une conférence, un film, un musée. Tout plutôt que de s'enfermer dans sa coquille à attendre un signe de son amant. Libérer le plus possible son esprit de cette emprise pour garder sa sensibilité en éveil, prête à saisir la chance d'une rencontre.

Rien d'immoral à cela.

Le serait-ce plus que l'attitude de l'homme marié qui partage sa vie à son gré entre deux femmes qu'il finit par rendre aussi malheureuses l'une que l'autre?

Plusieurs de mes consultantes qui ont écouté mes conseils sont aujourd'hui unies à des hommes libres avec qui elles mènent une existence épanouie.

Certaines ont cru pouvoir vaincre l'inconstance de leur amant. Rendues plus forte par notre rencontre, elles ont mis l'homme en demeure de choisir. Elles ont été assez convaincantes pour l'amener à quitter le foyer conjugal. Il a vécu un ou deux mois avec elle puis il est peu à peu revenu à son épouse. Le résultat de ce va-et-vient a été catastrophique. L'épouse a accueilli l'infidèle mais ce ménage malgré une réconciliation apparente est brisé. La maîtresse, revenue de ses illusions, se retrouve plus solitaire qu'elle ne l'avait été.

### J. L'avenir d'un homme libre et d'une femme mariée

Ici le cas est différent.

Les situations qui précèdent ont montré qu'hommes et femmes n'ont pas les mêmes réactions en amour.

Il n'est pas rare de voir un homme tomber amoureux d'une femme mariée, parfois mère de famille. C'est le plus souvent un jeune homme, un célibataire qui s'éprend d'une femme plus âgée que lui. Raymond Radiguet a vécu cette aventure dont il a tiré *Le Diable au corps* qui fit scandale à sa parution (1923). Dans l'œuvre de Radiguet, la Grande Guerre, en raison des troubles qu'elle causait dans les mœurs et dans les esprits, réunissait un garçon de seize ans à une femme mariée, son aînée. Cette situation nouvelle pour l'époque n'est plus rare. Je l'ai rencontrée un certain nombre de fois au cours de ma carrière. Je le dis tout net, elle est sans espoir. Quelle que soit la passion qui anime la maîtresse, elle ne quittera jamais son mari et ses enfants pour un amant plus jeune. Elle ressent confusément qu'elle regrettera un jour la différence d'âge qui la sépare de celui qu'elle aime, trop jeune pour elle. Il y a un instant charnière dans la vie où les âges basculent, où un écart de quelques années qui ne comptait pour rien cinq ou dix ans plus tôt devient un fossé impossible à franchir. Je sais qu'il y a des exceptions à cette règle et qu'un Disraeli, par exemple, a vécu heureux avec une épouse dont il était le cadet.

L'homme jeune est sincère dans cet amour qui le comble et qui lui apprend souvent les secrets de la vie qui lui seront utiles plus tard.

La femme est flattée par cet amour juvénile. Ses

sens sont comblés si son mari est plus âgé qu'elle. Elle joue un rôle ambigu de mère et d'initiatrice, rôle que bien des femmes rêvent de tenir.

Il ne peut être question d'avenir pour ce duo. Ce n'est pas un marché de dupes car chacun y trouve ce qu'il y recherche mais, si grande que puisse sembler la passion de ces deux êtres, elle risque de sombrer dans une fin sordide. Le jeune homme ira porter ailleurs sa neuve science et la maîtresse délaissée deviendra une amante jalouse.

Le cas d'un homme plus âgé, qui après avoir été marié se retrouve libre et tombe amoureux d'une femme qui elle ne l'est pas, se rencontre parfois. En général lui, le premier, se lassera.

Que sa partenaire ne se fasse pas d'illusion. Si elle est capable d'attendre plusieurs années d'être libérée, lui ne patientera pas. Trop d'occasions se présenteront à lui pour qu'il laisse échapper l'une d'entre elles. Il y a plus de femmes que d'hommes sur notre terre. Un homme seul n'attendra pas longtemps que la femme mariée qu'il croit aimer divorce pour lui.

Il est rare qu'une femme divorce sans y être poussée par une situation insupportable. Il faut qu'un mari ait vraiment des tares graves pour que sa femme se décide à le quitter car : « Amour, tendresse, douceurs, tels sont les éléments dont est formée l'âme de la femme. Aimer, guérir, consoler, telle est sa destination sur terre. » L'épouse ne peut se résoudre à quitter un être dans lequel elle voit le fantôme de son premier amour.

Dans la perspective du nouveau destin parallèle, chacun pouvant désormais choisir sa voie en amour, nul n'aura plus le droit de perdre son existence dans une situation bloquée. Hommes et femmes d'aujourd'hui, soyez réalistes.

### K. Destin des amants mariés

La confusion est grande dans le cas de deux amants, mariés chacun de leur côté, obligés de vivre dans le mensonge, l'hypocrisie, de se rencontrer secrètement.

Ces amants-là doivent choisir leur destin en toute connaissance de cause, car il faudrait tant de hasards pour les réunir que mieux vaut pour eux oublier cette idée. Le hasard n'existe pas.

Ces amants mariés revivent une autre existence, une autre expérience. Ils sont attirés l'un vers l'autre soit parce qu'ils se sont déjà connus dans une vie antérieure, soit parce qu'ils parcourent un morceau d'une existence qui ne trouvera son accomplissement que dans un lointain futur. Le voyant ne peut intervenir que pour leur dire : « Attention, ne faites pas souffrir ceux auxquels vous êtes déjà liés, cela n'amènera rien de bon. »

Il arrive que ces deux êtres finissent par vivre au grand jour, mais c'est le plus souvent au début de leur liaison quand l'amour est si passionné que le scandale éclate, rendant le double divorce inévitable. C'est très rare.

Au cours de mes consultations, j'ai souvent eu à faire face à ce cas et je sais qu'il est important que l'homme et la femme ne tombent pas dans l'erreur, sachent ce qui les attend. Il faut qu'ils acceptent peut-être de ne vivre leur vie commune que lors d'une prochaine existence.

### L. LE VEUVAGE, UNE FATALITÉ

La mort est la trame de notre destin. Nous naissons avec elle. Nous devons vivre avec elle. « Pour le sage, a dit Goethe, elle n'est pas un objet d'effroi. Elle le ramène à l'étude de la vie et lui apprend à en profiter. » Hélas, elle brise souvent les unions les ·mieux assorties et fait d'un couple uni un être solitaire, un veuf ou une veuve. Il en est d'inconsolables. Il en est d'autres qui le sont moins.

> « Entre la veuve d'une année
> Et la veuve d'une journée
> La différence est grande!... »

Ces vers du fabuliste s'appliquent aussi bien à l'homme qu'à la femme. Trop souvent le veuvage apparaît à l'une et à l'autre comme une solution qui arrange tout.

L'on vient fréquemment consulter le voyant ou la voyante pour savoir si un veuvage interviendra, libérant l'un ou l'autre des membres du couple extraconjugal. Je sais trop de cas où la voyante prédit la mort de l'époux ou de l'épouse, qui permettra au consultant, du moins le croit-il, d'épouser enfin l'objet de sa flamme.

J'ai constaté qu'on venait me consulter après avoir fait le tour d'autres voyants ou voyantes qui avaient prédit la mort souhaitée, le veuvage attendu. Certaines voyantes annoncent le décès tant espéré en prédisant une mort violente, un accident de la route, un accident d'avion. Que sais-je encore? Jamais ce type de voyantes ne prédisent la maladie. Elles courraient alors le risque d'entendre la consultante répondre naïvement : « Mais mon mari n'est jamais malade. Au contraire, il a une santé de fer. » D'autant plus que pour satisfaire la cliente, la mort prédite et souhaitée est toujours imminente, elle aura lieu, c'est certain dès la fin de l'année en cours, au plus tard au cours de l'année qui vient. La maladie est trop détectable par la consultante pour pouvoir faire l'objet des prédictions de ces charlatans.

Je vois une exception à la règle qui retient certains voyants de prédire une maladie mortelle, c'est le cancer, et surtout le cancer qui frappe les femmes. En règle générale, à les écouter, le mari mourra de mort violente et la femme d'un cancer du sein ou de l'utérus.

Je reste confondu devant l'audace sans pudeur de ces prédictions. J'en viens à me poser la question suivante : Seuls les futurs veufs ou les futurs veuves iraient-ils consulter les voyants, par quel miraculeux hasard l'époux condamné n'irait-il jamais interroger sur son sort ces oracles?

Le charlatanisme existe. Je l'ai rencontré. C'est pourquoi j'ai voulu parler de l'amour, l'étudier sous ses différents aspects et de façon exhaustive. Je tiens à affirmer qu'en amour il ne faut guère compter sur le veuvage, non parce qu'il est immoral de bâtir sa vie sur l'espérance de la mort d'autrui mais parce que c'est irréaliste. Le veuvage, solution qui permettrait à deux amants séparés par des liens conjugaux contractés ailleurs d'être réunis, se produit très rarement.

Il faut se méfier de cette escroquerie à la mort. Elles y sont passées maîtresses ces voyantes qui répètent éternellement la même phrase : « Oui, les dates ne sont pas très sûres, mais la maladie viendra d'ici deux ou trois ans. »

Cet espoir est non seulement malsain mais dangereux. Je connais le cas de femmes qui ont ainsi attendu vingt ans la mort hypothétique de la rivale légitime et abhorrée. Nourrir pendant tant d'années des rêveries aussi morbides ne peut qu'être mauvais. Je ne conseillerais à aucun de mes consultants ni à aucune de mes consultantes de fonder sa vie sur l'attente de la mort d'un autre ou d'une autre.

Des pensées peuvent se révéler plus destructrices pour celui ou celle qui les nourrit que pour la future victime.

Ces conseils empêchent les consultants de faire le choix d'une nouvelle vie, choix qui devrait s'imposer. Je pense au cas d'une jeune femme venue raconter à une voyante à quel point son mari était odieux, l'insultant, la battant, buvant et pour finir la trompant au vu et au su de tous. « Patientez, dit la voyante, patientez car cet homme va mourir. » Les années passent, l'affreux mari continue à la battre et à la tromper et, loin de mourir, entretient des maîtresses, ruinant pratiquement le foyer conjugal, le précipitant dans des difficultés financières insurmontables. La jeune femme vieillit lentement, à attendre un veuvage qui ne vint pas. Elle finit par perdre sa vie. Tout cela par la faute d'une voyante qui maniait plus facilement l'escroquerie que la clairvoyance et la vision de l'avenir. C'est là qu'intervient le concept du destin parallèle et qu'il prend son sens.

Dans le choix d'une vie, il ne faut pas faire intervenir la mort! Qu'elle doive un jour changer le destin n'est que trop vrai, inévitable, mais il ne faut jamais compter sur elle pour résoudre les dilemmes amoureux. Que des hommes et des femmes faits pour vivre ensemble fassent choix de leur destin, décident de divorcer ou de partager une autre vie avec un nouveau partenaire, cela vaut mille fois mieux que d'attendre et de spéculer sur la mort

prochaine du conjoint qu'on a cessé d'aimer. Il faut
se méfier des voyantes qui prédisent cette issue à
une situation amoureuse compliquée. Non seulement elles inventent n'importe quoi mais elles n'ont
pas la spiritualité nécessaire qui accompagne le
véritable sixième sens.

L'expérience a d'ailleurs été faite qui consiste à
envoyer chez plusieurs voyantes un même couple,
mais séparément et à plusieurs semaines d'inter-
valle, de façon que la voyante ne comprenne pas que
l'homme et la femme qui l'interrogent sont de
connivence.

Le résultat n'a jamais varié, les voyantes prédi-
saient avec un bel ensemble la mort violente du
mari, le cancer de la femme, déconseillant toujours
le divorce puisqu'il suffisait à chacun d'attendre
pour se voir débarrassé de l'autre. A ce compte-là, la
planète se trouverait rapidement dépeuplée. Il suffi-
rait d'aller voir la voyante pour apprendre la mort
prochaine de son conjoint.

Certains manquent si radicalement du moindre
don de médium qu'ils assènent leurs prédictions à
des gens qui s'entendent et vivent heureux. Ces
apprentis sorciers sont incapables de discerner si
l'homme ou la femme qui leur font face mènent une
vie amoureuse équilibrée. Les consultants ne sont
pas toujours préoccupés par des problèmes affec-
tifs.

Certains viennent me voir pour m'exposer leurs
soucis d'affaires et d'argent, pour tenter de résoudre
les problèmes scolaires de leurs enfants, ou m'interroger sur le choix d'un logement, d'une ville ou d'un
pays où s'installer et mener leur carrière.

Les voyants irresponsables peuvent causer un

grave tort à l'homme ou à la femme venus les interroger sur son métier, sur des affaires et auxquels ils déclarent que leur conjoint n'a que peu de temps à vivre. Je vois souvent venir à mon cabinet de ces gens désorientés et désespérés qui souhaitaient au contraire vieillir auprès de l'homme ou de la femme de leur vie, traumatisés qu'ils sont par ces prédictions provoquant de véritables drames, dont j'ai parfois du mal à les arracher.

Il faut choisir son destin sans escompter la mort de quiconque. Que ceux qui souffrent trop d'une union mal assortie n'hésitent pas à rompre des liens qui leur pèsent et finissent par empoisonner leur vie.

La mort est une réalité mais elle n'est qu'un élément de la fatalité à l'intérieur de vies souvent longues. Ce n'est pas sur elle qu'il faut spéculer pour organiser un destin. Mieux vaut s'appuyer sur la force du libre arbitre et sur l'amour partagé. La mort n'est-elle pas un déplacement d'énergie? Naître ou mourir, n'est-ce pas une circulation d'êtres à la suite des générations d'une même substance?

## M. J'ai deux amours. Dois-je les garder?

Il se peut que le destin s'amuse à vous faire rencontrer l'âme sœur alors que vous n'êtes plus libre. Il se peut que vous reconnaissiez en cet autre amour l'homme ou la femme qui vous était destiné, avec qui vous auriez passé le temps en harmonie comme si vous vous étiez toujours connus, comme si vous aviez déjà été unis dans une précédente incarnation. Il y a dans certaines rencontres un élément de merveilleux que nul ne peut nier.

Il faut alors rester discret. Éviter de faire souffrir

l'un ou l'autre de vos partenaires mais garder les chances de vivre votre futur destin. Ce que j'écris est peut-être immoral au regard de notre société mais il faut savoir garder les deux liens, être patient, attendre et laisser le temps jouer son rôle, apporter peut-être une issue.

Je ne reviens pas sur ce que j'ai dit précédemment. Certains cas, rares toutefois, peuvent être exceptionnels. Les amants grâce à leur intuition savent qu'ils sont faits l'un pour l'autre. Il n'y a pas place pour le doute et malgré les obstacles il faut qu'ils maintiennent leur liaison, lien extrêmement fort qui leur permettra un jour de reconstruire à deux une vie meilleure.

La période d'attente est difficile à vivre mais si un voyant ou un astrologue confirme ce que vous ressentiez au fond de vous-même, si deux amants entendent un diagnostic qui corrobore leurs sentiments profonds, il n'y a alors pas de scrupules à avoir. Il faut faire preuve de patience pour voir se réaliser l'intuition qui leur assure qu'ils finiront leurs jours ensemble.

Ils ne doivent pas hésiter à faire des projets et à les réaliser. J'entends aussi des projets matériels, si étranges puissent-ils paraître quand il est question d'amour passionné. Les sentiments s'incarnent dans la réalité quotidienne. Ces amants peuvent passer leurs vacances aux mêmes endroits, peut-être acheter une maison en commun qu'ils utiliseront plus souvent, bien qu'ils ne puissent savoir quand arrivera le dénouement de leur incertitude. Qu'ils se construisent un nid privilégié, qu'ils aient des amis communs, qu'ils se bâtissent petit à petit une vie parallèle à côté de leur vie conjugale officielle.

Déjà, ils partagent les soucis de l'éducation des enfants nés de l'autre vie du couple. Cette double vie n'est pas aussi immorale que pourraient le prétendre ceux qui jugent sans savoir. Bien sûr le temps passe et souvent trop vite, et peut-être ne réussiront-ils qu'à terminer leur vieillesse ensemble mais ces amours-là aussi valent la peine d'être vécues. Il ne faut pas les fuir.

Il s'agit d'une.démarche particulière où les deux amants sont assez sûrs l'un de l'autre pour accepter de vivre ainsi d'un côté et de l'autre, capables de vivre le présent comme s'il allait générer un avenir. Ce n'est pas la règle mais l'exception qui la confirme.

Comptent en de telles circonstances la certitude intérieure, la conviction profonde qui rendront la vie en commun plus douce et plus sereine, supportable malgré les obstacles majeurs auxquels les amants doivent faire face. Quoi qu'il arrive, ils savent que leur histoire connaîtra un dénouement heureux.

Ce sont là de grandes amours. Le grand amour existe, je l'affirme, grand amour durable à l'opposé des passades nées d'un coup de foudre dont l'horizon est limité.

Par définition même, un coup de foudre est bref et, serait-il terriblement violent, il ne se transformera jamais en grand amour! Le coup de foudre est un éclair qui vit et meurt comme il est né, dans l'instantanéité.

Les grandes amours que j'ai évoquées dans ce chapitre durent de nombreuses années et il émane toujours d'elles une force, un rayonnement qui éclaire ce qui les entoure. Mieux vaut vivre auprès de gens qui s'aiment car ils répandent le bonheur sans le savoir, en toute innocence. Leurs vibrations bénéfiques affectent dans le meilleur sens leur entourage.

L'amour ne passe jamais, c'est le sel de la terre et aujourd'hui, grâce au destin parallèle, tout homme, toute femme est en mesure de mieux organiser sa vie amoureuse. Dans les années à venir, l'élément amour sera prépondérant dans les décisions prises par l'homme face à l'histoire. L'ère du Verseau verra le triomphe de l'amour et sa prépondérance car son pouvoir devient la force qui fera avancer l'histoire.

### N. DRAME DE LA JALOUSIE

La jalousie, ce poison qui infecte les rapports amoureux, représente une perversion des sentiments condamnée à disparaître dans les âges à venir.

Certains considèrent la jalousie comme une preuve d'amour. Paul-Jean Toulet, le poète des *Contrerimes*, a écrit cette maxime : « Une femme ne pardonne jamais à un homme d'être jaloux. Rarement de ne l'être pas! »

Le dilemme est là, mais je le tranche en assurant que si une jalousie aimable est parfois admissible quand elle est une coquetterie du cœur, la jalousie maladive est un grave défaut, une carence de l'âme qui détruit toutes les formes d'amour et de sentiment.

La jalousie est souvent la cause des rendez-vous manqués avec le destin. On s'attendrait à ce que le jaloux reconnaisse son échec et choisisse une autre attitude. Il ne le peut et court le risque de demeurer la proie de cette jalousie qui éloigne de lui celle qu'il aime ou ses amis. La jalousie, loin d'être solitaire dans le cœur qu'elle dévore, traîne avec elle ses compagnons habituels : la susceptibilité, un caractère ombrageux, soupçonneux, inquisiteur, des idées fausses qui font du jaloux une victime des autres dont il craint de n'être pas assez aimé.

Chacune des manifestations de la jalousie détruit le destin amoureux. Elle représente un danger pour le bonheur et il faudrait l'arracher du cœur comme une mauvaise herbe.

Trop nombreux sont les jaloux qui s'ignorent et que trahit leur comportement. Ces susceptibles (car la susceptibilité est une forme de la jalousie) détruisent l'harmonie amoureuse. Je n'ai jamais vu un couple résister aux démons de la jalousie. Les individus affligés d'un tel défaut n'en sont pas entièrement responsables. La jalousie a sévi pendant l'ère du Bélier et pendant l'ère des Poissons qui s'achève. Je peux affirmer qu'avec l'avènement de l'ère du Verseau, nous la verrons disparaître au même titre que la violence et l'intolérance.

Il n'y a pas que la violence des armes. La violence du cœur existe. Elle naît de la jalousie. Elle a provoqué tant de crimes passionnels, tant de persécutions, qu'on peut la considérer comme un fléau. Othello poignarde Desdémone, poussé par la jalousie, et se poignarde ensuite. Les sœurs Papin, que Jean Genet a prises pour héroïnes de la pièce *Les Bonnes*, jalouses des robes et des bijoux de leur patronne, finissent par la tuer, elle ainsi que sa fille. A un autre niveau, on trouve la jalousie dans les dénonciations des époques troublées. Jaloux de sa femme, on le devient de son voisin, pour finir par haïr la société tout entière. L'ère du Verseau oubliera ce type de sentiment, annihilera la jalousie dans le cœur humain.

Je le vois très clairement. Les humains de l'an 2000 ignoreront ces drames. Ce phénomène s'inscrit dans le destin parallèle et permettra à un nouveau style de vie de s'épanouir, empreint d'une harmonie inconnue et qui sera l'apanage des individus à partir de 1997.

Transformation considérable, immense libéra-
tion que connaîtront ceux qui ont aujourd'hui
encore à souffrir de la jalousie. Car, je le répète,
la jalousie ne détruit pas seulement les amours et
la vie affective de ceux qui sont victimes. Elle
s'insinue dans la vie sociale, ruine les relations
professionnelles ou amicales, se glisse à notre insu
et rompt tout équilibre qu'il soit sociologique,
affectif ou émotionnel.

Jaloux ou jalouse ne peuvent choisir leur destin.
La jalousie conduit le bal. Elle les entraîne dans le
tourbillon des soupçons. Ceux-ci les emprisonnent
et prennent le pas sur le libre arbitre qui ne peut
plus intervenir car il est ligoté. Comme un prisonnier derrière ses barreaux, l'homme ne peut plus
accomplir sa destinée. Les victimes qui partagent la
vie d'un jaloux ou d'une jalouse sont à leur tour
esclaves de la fatalité, persécutées. La compagne ou
le compagnon du jaloux doit subir un destin dont il
n'est pas responsable, tandis que souffre le jaloux
manipulé par sa jalousie.

On pourrait extrapoler en disant qu'après les
quatre mille ans de violence que l'humanité vient de
subir, la jalousie est inscrite dans les gènes des
humains, hommes ou femmes. Il existe une relation
entre jalousie et violence. La jalousie ne connaît pas
de remède. Seule l'arrivée de l'ère du Verseau
pourra en délivrer les hommes et les femmes qui
subissent la souffrance de scènes de violence répéti-
tives.

Je vois le soulagement qu'apportera à ces âmes
malheureuses l'arrivée du Verseau en les délivrant
de ce fléau dont ils ne peuvent se débarrasser. Car
non seulement le jaloux transforme la vie de son
entourage en un enfer mais il vit lui-même un enfer.
Il souffre mais ne peut s'empêcher de nourrir son

vice de sa souffrance et de l'amplifier jusqu'à la folie.

Dans *Othello*, Shakespeare fait dire à l'un de ses personnages :

« O, gardez-vous mon seigneur de la jalousie
C'est le monstre aux yeux gris qui se moque
De la viande dont il se nourrit... »

J'ai connu des cas où la jalousie était le fait d'une stratégie, d'une ligne de conduite. Je me souviens d'une jeune femme charmante venue me consulter désespérée parce qu'après plusieurs années de vie équilibrée, son mari pour la première fois faisait montre d'une jalousie irrationnelle. C'est là qu'intervient le sixième sens du voyant car j'ai pu discerner presque immédiatement en écoutant cette jeune femme, non qu'elle mentait – au contraire, elle était sincère – non, j'ai clairement vu que son mari la trompait et que loin d'être jaloux, il feignait les tourments du doute pour endormir ses soupçons et la rassurer. Sans doute se donnait-il bonne conscience et ayant trompé sa femme voulait-il se prouver à lui-même qu'en réalité c'est elle qui le trompait. On soupçonne souvent chez les autres les défauts dont on est soi-même affligé. J'ai pu ouvrir les yeux de cette jeune femme qui s'est aperçue qu'effectivement son mari la trompait et qui, instruite du vrai problème qui se posait, a pu s'employer à le reconquérir. Ce mari a eu de la chance car parfois « un soupçon d'infidélité suffit à faire une infidèle » !

Paradoxalement, le jaloux est, presque dans cent pour cent des cas, l'infidèle. Personne ne viendrait à se douter que tel qui se répand en soupirs, en soupçons, en cris et larmes divers car il est sûr qu'on le trompe, qu'on le parjure, qu'on le traîne dans la

boue, soit capable de faire subir à l'autre ce qu'il
semble redouter si fort pour lui-même. Quand un
homme n'a jamais trompé sa femme, le soupçon ne
lui vient pas à l'esprit. Il n'imagine pas qu'il soit
possible de voir surgir un tel problème. Il fait
confiance parce qu'il n'a pas plus l'expérience de la
tromperie que celle du mensonge. Celui qui n'a
jamais pensé à tromper sa femme ne peut imaginer
qu'elle va le tromper. A l'inverse, c'est souvent après
avoir commis l'adultère ou parce qu'il a envie de
prendre une maîtresse qu'un homme s'avise de
soupçonner sa femme, car il sait ce qu'est l'infidélité. Il l'a vécue de l'intérieur à travers sa propre
expérience.

En face d'un personnage exagérément jaloux, la
meilleure attitude à prendre est d'enquêter à son
tour sur ses agissements afin de savoir à quoi s'en
tenir au lieu de perdre son temps en vaines discussions. Mieux vaut combattre sur le terrain de la
réalité en rétablissant la vérité sur la fidélité de l'un
et de l'autre.

## O. Amour et argent

Amour et argent font rarement bon ménage. Certes, si les deux conjoints sont aussi riches l'un que
l'autre, leur amour s'épanouit en dehors de tous
problèmes d'intérêts. Mais si l'un des époux jouit
d'une certaine fortune tandis que l'autre n'a pas un
sou, il est difficile de savoir si l'on est choisi pour sa
richesse ou pour soi-même. Il est des indices révé-
lateurs. Nombreux sont ceux qui préfèrent les ignorer et pratiquer la politique de l'autruche. Ce qu'ils
ignorent ne saurait les blesser. Quand un homme
très riche épouse une femme qui ne l'est pas, il s'agit

le plus souvent d'une femme beaucoup plus jeune que lui et dont la beauté le flatte. Il la promène, la couvre de bijoux et de vêtements. Elle devient la preuve de son pouvoir social et démontre qu'il a les moyens de s'offrir la femme qu'il veut. Il n'y a là rien de répréhensible, cet homme a le droit d'agir ainsi mais qu'on ne vienne pas me parler d'amour là où il ne s'agit que d'orgueil et de volonté de puissance.

Cet exemple est typique de l'ère des Poissons. Il est dans la ligne du concubinage amour-argent dominant cette période faite de compromis, d'intérêts et de mensonges. L'ère des Poissons reste marquée par le mensonge et les masques. La lumière viendra avec l'ère du Verseau. Le libre arbitre, la liberté intérieure permettront à tous de choisir leur destin. Les mariages d'intérêt se feront rares. Les écarts entre les fortunes diminueront, les excès disparaîtront. N'étant ni excessivement riches, ni excessivement pauvres, les gens auront les mêmes désirs, les mêmes intérêts.

Les niveaux de vie seront plus ou moins les mêmes et, dans ce monde nouveau, hommes et femmes ne pourront imaginer qu'on les a épousés pour leur argent.

Les fortunes individuelles colossales tendront à disparaître, il n'y aura pas davantage de pauvres. Le XXIᵉ siècle séparera l'amour et l'argent. Les mariages seront fondés sur l'amour et non sur l'intérêt, les êtres du Verseau écouteront les élans de leur cœur. Ils ignoreront les calculs sordides qui empoisonnèrent la vie de leurs ancêtres. Nous subissons encore l'avidité des Poissons mais d'ici une quinzaine d'années nous verrons disparaître ce mauvais mariage entre l'amour et l'argent.

J'ai souvent aidé les puissants de ce monde à découvrir leur destin parallèle, car il existe. Ils

peuvent toujours choisir entre qui les aime vraiment et qui ne désire que leur argent. Il faut se
méfier d'une femme qui réclame une maison à
son nom avant même que le mariage n'ait eu lieu.
Après le mariage, si le mari n'a pas d'héritiers,
c'est normal et l'épouse peut être sincère dans
cette recherche d'équilibre entre ses sentiments et
sa sécurité.

Si le mari a des enfants d'un précédent mariage,
donc des héritiers directs et qu'il s'aperçoive qu'elle
cherche à les spolier plus ou moins adroitement,
qu'il fasse attention. Ce type de femme est sur la
piste de l'argent. Il n'entre dans son désir de mariage
ni tendresse ni affection mais la volonté d'amasser,
de s'approprier des fonds qui ne sont pas les
siens.

Il est vrai que tout le monde ne souhaite pas faire
un mariage de passion et que certains mariages
fondés sur la matérialité des intérêts reposent sur un
mélange de tendresse et d'amitié qui peut être à la
base d'une union heureuse entre deux êtres. Il est de
bons ménages qui n'ont jamais connu de grande
passion.

Les siècles précédents et le début du siècle ont vu
beaucoup de ces mariages d'intérêt qui se faisaient
par l'intermédiaire des familles. On pesait devant
notaire la dot de la future mariée, les biens du futur
époux et s'il y avait déséquilibre, si la dot était
insuffisante, les parents s'employaient à rétablir la
balance de la fortune entre les deux époux.
Aujourd'hui, les parents n'interviennent plus ou
pratiquement plus dans ce type de calcul. Les futurs
époux s'y livrent. En revanche, la nouvelle génération, celle des jeunes gens de vingt à vingt-cinq ans,
oublie la question d'argent. Ils vivent leur amour
sans s'inquiéter de leur compte en banque. Entrés

dans l'ère du Verseau, ils ignorent les calculs de leurs parents et de leurs grands-parents.

Je reconnais en eux les pionniers annonciateurs de cette ère nouvelle qui verra l'amour triompher de l'intérêt.

## P. Amour et spiritualité

J'en viens au couple idéal pour qui la spiritualité constituera le ciment sur lequel sera fondé son amour. Je ne connais pas de grand amour vécu sans spiritualité. Elle fait échec aux excès dévastateurs, à la violence, à la jalousie, à l'envie, au mensonge, aux tromperies. Plus intense est la spiritualité, plus solide sera le couple.

Quand j'évoque la spiritualité, je ne parle pas de la foi religieuse. Je ne veux pas dire qu'il faille absolument appartenir à une église, être chrétien, musulman ou bouddhiste. Je parle de la vie intérieure, de celles que peuvent connaître les hommes et les femmes sans partager la même foi et même en dehors de toute religion.

S'il est aisé de rencontrer un homme ou une femme qui inspire le désir, il est plus difficile de trouver celui ou celle avec qui on a envie de partager sa vie intérieure. De telles rencontres, peu fréquentes, permettent de connaître un destin amoureux exceptionnel. La vie intérieure, la spiritualité, c'est aussi la médiumnité. Quand il y a vie intérieure alliée à un grand amour fort et réciproque, cela crée un lieu privilégié où se meut le couple et qui éclaire la vie de tous ceux qui se trouvent à un moment ou à un autre dans l'entourage de ces êtres privilégiés. D'eux émane une aura spirituelle et qui les fréquente se sent enrichi. Leur amour rayonne et il n'est jusqu'à l'harmonie qui se dégage de leur démarche qui fasse se retourner sur leur passage ceux qui les croisent. Ainsi devait être l'atmosphère qui entourait Tristan et Iseult, Roméo et Juliette, Philémon et Baucis.

De tels couples sont rares car exceptionnels sont les êtres doués d'une grande spiritualité. Il faut reconnaître qu'il leur est difficile de trouver le compagnon idéal. Ce fut le cas des grands saints de l'Église catholique. Sainte Claire et saint François d'Assise, comme sainte Thérère d'Avila et saint Jean de la Croix, par exemple, doués d'une spiritualité et de prescience, ont renoncé à chercher l'amour humain. Ils ont préféré se tourner vers le sur-amour divin. Ils sentaient que la vie spirituelle seule ne suffit pas à fonder un couple. Il faut que s'exaltent aussi l'amour, le désir, la sexualité. La sexualité ne peut être séparée de la spiritualité quand se forme l'union de deux êtres qui aspirent à une vie intérieure. Ce couple-là connaîtra une vie d'amour comme tous les autres mais d'un amour renforcé par l'intensité de la vie spirituelle partagée. L'ensemble de ces valeurs rend ce type de couple indestructible.

Je décris là le couple parfait, le plus harmonieux, l'union idéale, celle que nous tous voudrions vivre. Malheureusement l'ère des Poissons interdisait à l'humanité de voir un grand nombre de hautes spiritualités. Voilà pourquoi ces couples-là sont rarissimes. L'ère du Verseau les verra se multiplier. Nos enfants connaîtront cet épanouissement amoureux. C'est là qu'est l'avenir de l'homme, même si nous devons compter avec le Bien et le Mal qui se partagent nos âmes.

J'ai eu la chance de rencontrer, lors de mes consultations, de ces êtres en avance sur leur temps qui ont une vie intérieure profonde, beaucoup d'amour à donner et qui cherchent leur *media naranja*, leur « moitié d'orange », comme disent de façon imagée les Espagnols. Il leur est très difficile de réussir ce miracle de l'amour idéal mais quand cela se produit je suis ému d'en être le témoin.

Mieux vaut pour un être doué de spiritualité tenter l'expérience de l'amour sans lien officiel afin de discerner clairement quelles sont les chances de réussite du couple une fois marié.

Il arrive que les amants se soient rencontrés et aimés dans une vie antérieure. Il leur semble se connaître alors qu'ils ne s'étaient jamais vus. Des phrases, des mots se répètent tout à coup, dont ils ont le sentiment qu'ils ont déjà été prononcés. Ils se retrouvent dans des situations qu'ils ont l'impression d'avoir connues. Ce sentiment de déjà vécu est la preuve d'une expérience antérieure. Ces deux êtres-là vont s'aimer très fort spirituellement et charnellement. Ils seront capables de mener une vie commune heureuse. C'est très beau, mais ces rencontres sont exceptionnelles. Quand elles se produisent, il est important que le couple se reconnaisse comme deux amis très chers après une longue séparation. Ce sont de véritables retrouvailles à travers l'espace et le temps.

Il n'est pas rare qu'avant de retrouver celui ou celle déjà aimé dans une vie antérieure, l'homme ou la femme qui ont une vie spirituelle supérieure aient connu l'échec. Mais s'ils persévèrent dans leur recherche, ils finissent par rencontrer le grand amour.

La question des retrouvailles après une vie antérieure commune ne se pose pas uniquement par rapport à un amant ou à une maîtresse. On peut tout aussi bien retrouver un frère, une sœur, un père ou

une mère, un associé avec lequel on bâtissait une
œuvre. Les retrouvailles n'ont pas seulement lieu
entre des êtres amoureux mais aussi entre ceux qui
ont partagé des situations affectives, accompli
ensemble des choses importantes pour l'humanité.
Ils ont à nouveau la possibilité de continuer ce qui
avait été interrompu par la fatalité dans une précédente existence.

C'est vers ce type de perfection spirituelle et
amoureuse absolue qu'évoluera le xxie siècle pendant l'ère du Verseau. Je puise un grand réconfort
quand je contemple ainsi l'avenir du monde, quand
je le compare aux dernières convulsions du destin
mondial, qu'il nous faudra malheureusement subir
avant de changer d'ère.

C'est à partir de l'an 2000 que tout se modifiera
radicalement quand triomphera la spiritualité dans
les domaines sociaux, émotionnels et amoureux. Les
êtres humains ne seront plus jamais les mêmes. Ce
ne seront plus les gens cruels que nous avons
connus pendant l'ère des Poissons. La cruauté n'est
pas seulement sociale mais aussi personnelle. On
parle facilement de la barbarie des guerres et des
révolutions, on oublie celle de l'être humain.
Cruauté des volets clos, celle dont on ne veut pas
avoir à connaître, celle qui fait de la vie un enfer en
réduction, car cela existe. Je connais des exemples
de persécution à l'intérieur d'un couple ou d'une
famille. Certains se terminent en apocalypse et
surgit le crime. Le père tue son fils, le fils tue son
père, ces meurtres sont le résultat de la cruauté
quotidienne, le haut de l'iceberg. Et le phénomène
se reproduit depuis quatre mille ans!

Pour moi, ces gens qui se rencontrent en ce
moment, qui s'unissent avec amour et spiritualité,
ceux-là reflètent ce que nous serons en l'an 2000.

Quand viendra l'ère du Verseau, la planète entière évoluera et ce sera prodigieux. Ce changement d'ère, aujourd'hui progressif encore, s'opérera spontanément à partir de 1997. Au xxie siècle, les êtres se révéleront meilleurs, sans même savoir pourquoi le plus souvent. Ceux qui naîtront alors créeront un monde nouveau. Emplis d'amour et de spiritualité, ils triompheront des problèmes que la terre et les hommes subissent encore.

## Q. DRAME DE LA SOLITUDE

Nombreux sont les célibataires, les veufs ou les divorcés victimes de la solitude. C'est un drame que d'être seul quand on aspire à l'amour partagé, à donner de l'amour autant qu'à en recevoir.

Je le constate tous les jours en écoutant ceux de mes consultants qui vivent leur solitude. Ils ont besoin d'échanger des sentiments quel que soit leur âge. A vingt ans, on peut souffrir de la solitude amoureuse. La tendresse des parents ne suffit plus à combler le manque affectif. Le désir naît, on veut serrer un autre corps entre ses bras et c'est ce que souhaitent les aînés, les veufs et les délaissés.

Entre quarante et cinquante ans, on ressent cruellement le drame de la solitude. C'est un âge où les gens sont souvent divorcés ou veufs. Les chances de trouver un conjoint s'estompent, leur semble-t-il. Chaque jour qui passe fait peser le poids du temps sur les épaules du solitaire. Il redoute de perdre toute possibilité de refaire sa vie, de rencontrer le bonheur. La question pour les gens qui appartiennent à cette tranche d'âge est celle de leur pouvoir de séduction. On ne se pose guère ce type de problème à vingt ans, mais quand vient la maturité l'angoisse se fait pressante. Inquiètes de l'image que leur renvoie leur miroir, les femmes ont recours à la chirurgie esthétique mais elles ne sont pas les seules. Les hommes aussi confient au scalpel du chirurgien le soin de réparer des ans l'irréparable outrage. Tant mieux. Pourtant ces gens ignorent qu'ils traversent le meilleur âge de leur vie, qu'ils sont au zénith de leur forme physique et intellectuelle. Je rencontre des hommes ou des femmes de quarante ans et plus, aimés et même aimés passionnément et par ces mêmes jeunes de vingt ans dont ils envient la fraîcheur d'âme et de corps. Qu'on ne me parle pas de complexe d'Œdipe, de recherche du père ou de la mère, argument de psychanalystes, de ces freudiens au petit pied qu'on entend trop souvent. Non, si l'amour naît entre des êtres que vingt années séparent, c'est parce qu'à quarante ans l'adulte est en pleine force de l'âge, qu'il est moralement et physiquement épanoui.

Quand ils viennent me consulter, je leur interdis de désespérer pour cause de solitude, de douter d'eux-mêmes et des autres, car je les vois tels qu'ils sont, tels qu'ils n'osent se voir et je suis au contraire frappé par leur pouvoir d'attraction. Un visage viril buriné par les rides, des yeux féminins ombrés des cernes de l'insomnie, une bouche pulpeuse qui esquisse un sourire sceptique, ces traces de l'âge qui prouvent qu'un homme ou une femme ont vécu sont aussi séduisants qu'un visage lisse et enfantin. Il faut en être conscient. La beauté est avant tout la force de l'expression, le regard de l'âme.

La solitude m'apparaît plutôt comme une maladie dans laquelle il faut éviter de sombrer mais elle n'est souvent qu'un intermède du destin, un moment qu'il faut savoir traverser mais qui ne peut durer. L'humain n'est pas fait pour vivre seul, même s'il a besoin par moments de se retrouver face à lui-même. Il est fait pour les rencontres, l'échange. Quand frappe la solitude, il faut éviter de se replier sur soi-même. Il faut sortir, bouger, se faire des relations, des amis, se créer une vie culturelle, artistique, sportive, en un mot une vie intéressante. Point n'est besoin d'être grand clerc pour deviner qu'un individu, homme ou femme, recroquevillé sur lui-même, enfermé dans sa maison ou son appartement, ne peut que rater la rencontre qui l'aurait arraché à son marasme en lui ouvrant de nouveaux horizons. La solitude est le mauvais génie qui incite à manquer le rendez-vous du destin. Vauvenargues dans ses *Pensées et Maximes* note : « La solitude est à l'esprit ce que la diète est au corps, mortelle lorsqu'elle est trop longue, quoique nécessaire. »

Il faut savoir parfois s'isoler sans pour autant devenir un solitaire. Le destin parallèle ouvre ses possibilités pour rompre la solitude mais encore faut-il les utiliser. Pourquoi ne pas profiter des divertissements qu'offrent la ville ou la campagne? Se connaître soi-même et rechercher les sorties ou les études susceptibles d'éveiller notre intérêt? Je ne conseillerai pas à un amateur de porcelaine chinoise de se précipiter à un concert de musique rock, encore que, sait-on jamais? Il se peut qu'il y rencontre la femme de sa vie, celle qu'il n'aurait jamais vue ailleurs.

Un solitaire doit rechercher l'activité, car additionner solitude et désœuvrement ne peut qu'aboutir à la désolation.

On peut répondre qu'avec le destin-fatalité il était possible de rencontrer quelqu'un si c'était inscrit dans sa destinée. C'est tout à fait vrai, mais même dans le cas du destin-fatalité mieux vaut sortir et se distraire en attendant la rencontre espérée, mieux

vaut rayonner, rester ouvert au monde, vivre la vie
de son temps, échapper à la réclusion, savoir dire
oui aux invitations d'un soir ou d'un week-end.
Lorsque vous rencontrerez celui ou celle qui vous
est destiné, mieux vaut ne pas l'obliger à fuir en
l'assommant de tristesse et d'ennui. La solitude est à
la racine du mal, mais il ne faut pas l'aggraver. La
solitude, si on la combat, trouve toujours un
remède.

R. Être seul en vivant à deux

Bien des êtres se croient seuls qui ne sont qu'isolés. L'isolement est géographique. C'est une notion
matérielle. Nous sommes isolés quand nous n'avons
pas de présence amicale à nos côtés. Nous le sommes dans une maison vide sans voisins, dans une rue
déserte sans passants, sans contact avec un humain
ou un animal.

Nous ne sommes pas seuls pour autant. Nous
avons nos pensées, nos souvenirs. Si le silence nous
pèse, nous pouvons le rompre en nous parlant à
nous-même.

La solitude en revanche, comme l'a dit Françoise
Sagan, est quelque chose de « physiologique... on
n'en finit jamais avec le problème de la solitude et le
désir d'y échapper... Personne ne peut admettre,
quand il réfléchit, ce terrible chemin quotidien vers
la mort... cette conscience d'un Soi immuable, assez
perdu et incommunicable à la fois ».

Oui, la solitude est un isolement psychologique,
l'absurde sentiment d'une vie gâchée parce que
nous ne pouvons en partager les peines ni les joies.
Les heures s'écoulent sans que nous puissions en
dire le vide et la monotonie. Chacune d'elles,
comme le souligne la romancière, conduit infailli-

blement vers la solitude éternelle. La mort saisit déjà le vif.

Quoi de plus terrible alors que la solitude à deux, deux êtres unis pour la vie et qui se voient vieillir dans le regard l'un de l'autre? Il y a des couples – j'en connais de nombreux – dont le ménage n'est que le tête-à-tête de deux solitudes.

Un mari et une femme qui n'ont rien à se dire après s'être parfois passionnément aimés donneraient à qui pourrait les voir sans être vu, tel le démon Asmodée soulevant le toit des demeures pour y épier la vie des humains, le spectacle de deux statues prisonnières du marbre de leur indifférence.

Ces ménages ne se séparent pas parce que les conventions sociales les retiennent malgré eux ou parce que des enfants sont nés. Depuis longtemps, ils ne s'aiment plus – se sont-ils vraiment jamais aimés? – mais ils hésitent à se quitter car ils redoutent la solitude alors qu'en vivant chacun de leur côté ils ne connaîtraient que l'isolement.

Ils ont toujours eu peur de la vie et au seuil de la vieillesse et de la mort, il est trop tard pour tenter l'aventure de la liberté. Ils craignent de bousculer de vieilles habitudes, d'abandonner ce fauteuil au coin du feu dans lequel ils viennent s'asseoir chaque soir face à face. Ceci me rappelle un quatrain extrait des *Premiers Vers* de Jules Laforgue, ce poète mort trop jeune :

« Leur vie est arrivée au déclin de sa course
Lui, nez dans son fauteuil, lit les cours de la
Bourse.
Madame a son tricot et songe à son destin
Qui d'un foyer brillant a fait un âtre éteint! »

Que l'une de ces momies se réveille et s'avise d'aimer à l'extérieur – tout est possible –, ce foyer éteint retrouverait la vie. L'amour de l'un pour un étranger ou une étrangère susciterait peut-être la jalousie de l'autre. Un sentiment vrai les rapprocherait enfin en les opposant l'un à l'autre, ces êtres qui en se mariant ne se sont apporté qu'un nom et une dot.

Ainsi se fanent, au cours d'une vie commune non voulue et de plus en plus mal vécue, ces époux qui, subissant la loi de l'ère des Poissons, ont dû se livrer à des mariages de convenance. Cette situation se raréfie. Elle disparaîtra quand le Verseau aura enfin la prééminence dans notre ciel astral. Alors le mariage sera une union librement consentie par ceux qui voudront consacrer leur amour par ce lien sacramentel ou social.

Suivant la prévision du biologiste Jean Rostand : « Le jour ils oublieront qu'ils sont amants, la nuit qu'ils sont époux ! »

### S.  L'ÉPOUSE ABANDONNÉE

La colère, mauvaise conseillère, n'engendre pas toujours d'actes définitifs. Tel mari, qui quitte le domicile conjugal sur un coup de tête en claquant la porte et en jurant qu'il n'y reviendra plus, rentre souvent dès le lendemain matin, si ce n'est dans l'heure qui suit. L'aventure est fréquente. Rares sont les couples qui n'ont pas connu de ces brouilles d'un jour.

Tout autre est le destin d'une femme abandonnée par son mari parce qu'il entretient une liaison depuis six mois ou un an. Je déconseille à celles qui aiment encore leur infidèle de demander le divorce, même si elles sont en position de gagner leur procès. Ce serait une erreur de faire un procès quand toute la vie est en jeu! Il faut au contraire maintenir des relations affectueuses et amicales, garder en mémoire le vieil adage : « On n'attrape pas les mouches avec du vinaigre mais avec du miel », éviter les pleurs, les scènes, les reproches. Si le destin de ces deux êtres est suffisamment fort, l'inconstant réintégrera ce même foyer conjugal qu'il n'avait abandonné que sur un coup de folie.

Il est aussi des femmes abandonnées qui s'en trouvent bien. Elles saisissent l'occasion de rompre un lien qui leur pesait. Celles-là sont trop heureuses d'introduire une demande en divorce et, la séparation légalisée, de chercher un nouveau mari. Elles le découvrent d'autant plus facilement que dans ce cas il y a un « amant sous roche ». Le mari volage leur rend le service de se charger de tous les torts.

Les épouses fidèles qui aiment leur mari ont le sentiment que le sol s'est ouvert sous leurs pas quand elles sont victimes d'une rupture que rien ne leur laissait présager. Je leur conseille une politique de diplomatie.

Un homme ne rompt pas une union longtemps heureuse sans un puissant sentiment de culpabilité. C'est la chance de l'épouse abandonnée. Si elle sait agir avec finesse, elle soulignera par son attitude digne et sereine les défauts de la maîtresse sans y faire la moindre allusion. Celui qui a quitté le foyer l'évoque malgré lui auprès de sa nouvelle liaison. Même s'il a la délicatesse de n'en pas parler, il a parfois des mouvements silencieux plus éloquents pour une femme intuitive que des confidences. Rares sont les maîtresses qui, dans ces instants, ne peuvent s'empêcher de laisser transparaître leur inquiétude, qui l'avouent même en disant : « Je suis sûr, mon chéri, que tu penses encore à elle! » L'épouse légitime regagne alors son mari sans le savoir. Celui-ci fait la comparaison entre celle qui sait garder sa peine pour elle et la maladroite qui exprime ses craintes avec trop de véhémence. Dans la plupart des cas, il revient assez vite au foyer, après quinze jours ou un mois d'escapade. Il faut parfois plus de temps mais en général moins d'une année. Une épouse abandonnée m'a consulté pendant trois ans. A chacune de nos rencontres, je lisais dans son destin le retour de l'infidèle et lui recommandais une extrême patience. Au cours des derniers mois, elle n'acceptait plus de me croire. J'insistais et devais employer beaucoup de conviction, l'assurant que leur réunion était quasiment certaine. La réconciliation de ce couple était nette dans ma vision. Un soir elle m'a téléphoné, un appel bref venant de quelqu'un qui ne veut pas que sa conversation soit surprise. Trois mots mais qui exprimaient la joie du bonheur retrouvé : « Il est revenu ! »

Trois ans s'étaient écoulés. J'ai rarement revu cette cliente. Elle est heureuse. Pourquoi me consulterait-elle ?

Autre cas rencontré au cours de ma carrière, celui de l'homme dont je sais qu'il ne reviendra jamais. Sa femme ne veut pas se l'avouer. Elle connaît sa rivale, du moins par ouï-dire. Elle connaît son mari. Elle a eu le temps de le juger influençable, faible, sans défense devant l'habile Dalila qui a jeté son dévolu sur lui. Il en est tombé amoureux comme qui se laisse prendre au piège. Adroite, exclusive, sa maîtresse s'est arrangée pour lui créer des devoirs à son égard. Elle l'a entraîné dans des projets où il s'est engagé en oubliant que c'est à son épouse qu'il se devait d'abord. Elle l'a si bien pris dans ses filets qu'il ne parvient plus à s'en dégager. Il finira par divorcer. Je conseille alors à cette abandonnée de perdre tout espoir et de s'orienter vers son destin parallèle. Cette union était au départ mal assortie. Je regrette que cette femme ne soit pas venue me consulter avant d'en arriver à cette impasse.

Certains instables ne parviendront pas à se fixer. Ils ont contracté un lien solide, le mariage, qui a représenté pour eux une sorte d'aventure nouvelle. Ils n'ont jamais considéré que cette union, en leur donnant des droits, leur imposait aussi des devoirs.

Ils ont épousé une femme mais n'en ont pas pour autant renoncé aux autres. Ils les convoitent toutes.

Ce sont des êtres pleins de charme auxquels parents, amis, maîtresses ont tendance à pardonner. Leur épouse imite cet entourage. Elle excuse son grand enfant de mari qui la quitte quinze jours, puis revient contrit avec des fleurs et des mots d'amour plein la bouche.

L'homme reste un mois ou deux, apparemment assagi, puis repart pour trois semaines vers une nouvelle conquête.

Nouveau retour au bercail. Nouvelle réconciliation, nouveau départ.

Ce genre de mari, plus courant qu'on ne le pense, est un homme qui fait son propre malheur. Il est mal dans sa peau, incapable d'effectuer un choix, de construire sa vie et surtout de bâtir son bonheur avec une femme.

Il se comporte avec ses maîtresses comme il le fait avec celle à qui il a donné son nom. Quand il est avec l'une d'elles, il pense à sa femme. De retour au foyer, il songe à celle qui sera sa prochaine victime.

Il est plus amoureux de l'absente que de la présente, de l'inconnue de demain que de celle qu'il connaît trop.

Il est tel un gamin à qui son grand-père demande devant une vitrine de jouets : « Lequel veux-tu ? » et qui répond : « Je les veux tous ! »

Il se verrait menant une vie double ou triple, assuré que Pénélope l'attend au logis sans impatience. Le domicile conjugal est son Ithaque, une île de sécurité où cet Ulysse des périples amoureux aimerait jeter l'ancre quand il lui plaît. Mais dans *L'Odyssée*, Pénélope a des prétendants et Homère ne nous dit pas que si Ulysse avait tardé quelques semaines de plus, la fidèle épouse aurait fini par choisir le plus aimable d'entre eux.

Un jour rentrant chez lui, le coureur trouve porte close. Il y a une citation dans la boîte aux lettres. Sa femme a demandé le divorce. Il jure, il tempête. Il la traite d'infidèle ! Il revient chez sa maîtresse. Madame est sortie ou fait répondre qu'elle n'est pas là. Quand elle accepte de le recevoir, elle a beau jeu de rire et de lui dire que, s'il est enfin disposé à l'épouser, elle n'a plus envie de lier son destin à celui d'un don Juan qu'aucune femme ne pourra retenir. Elle envisage de faire sa vie avec un homme sérieux.

Ce genre d'homme immature termine généralement sa vie en solitaire. Il a fini par lasser le destin qui, bon prince, lui a offert bien des chances parallèles.

Le destin a pris le parti de ces femmes dont il s'est joué. Si l'épouse a compris assez tôt que cet homme ne l'avait choisie que pour s'assurer une infirmière dans sa vieillesse ou si la maîtresse se rend compte qu'elle a été l'élue d'un moment parce que l'imagination de l'inconstant l'a parée de tous les attraits, ces abandonnées pourront saisir au bond les occasions de vie nouvelle que leur offre le Verseau. Le voyant joue ici un rôle car ses dons leur feront gagner du temps en leur permettant d'éviter des souffrances inutiles et des années de gâchis.

### T. L'HOMME ABANDONNÉ

Que les lecteurs ne s'imaginent surtout pas que seules les femmes sont abandonnées et que les hommes ne trouvent jamais en rentrant chez eux la cage vide et l'oiseau envolé! Les femmes partent, elles aussi.

La grande différence est qu'elles s'en vont la plupart du temps poussées à bout, parce que c'est la seule issue à une existence conjugale impossible. Elles tiennent à préserver l'avenir de leurs enfants.

Il y a à cela plusieurs raisons. La condition faite à la femme par notre société lui rend l'indépendance difficile. Elle est d'une nature patiente, souvent crédule. Elle croit pendant longtemps que son foyer retrouvera le bonheur passé, qu'elle parviendra à vaincre les défauts de son mari qui rendent la vie familiale pénible. Il y a les enfants à protéger.

Un homme peut se montrer adorable pendant les premiers mois du mariage puis soudain révéler son véritable caractère. L'un est paresseux, tel autre joueur ou alcoolique. Tel enfin est méchant.

Quand l'épouse comprend que son mari ne correspond pas à l'image qu'elle s'en était faite, elle peut soit attendre un excès et profiter de l'esclandre pour le quitter, soit préparer son départ de longue main en ayant discrètement une idylle avec quelqu'un qui aura su la comprendre. Dans les deux cas

le mari, au moment où il s'y attend le moins, se
retrouvera aussi seul qu'à la veille de son union
devant monsieur le maire.

Un jour un homme entre deux âges pénètre dans
mon bureau. Le désarroi transparaissait sur son
visage. Je n'ai pas eu de peine à lire dans ses yeux ce
qui venait de lui arriver. Avant même qu'il ne se soit
assis, je lui ai déclaré : « Je ne connais pas votre nom
mais je vois que votre femme vient de vous quitter et
que vous vous attendiez à tout sauf à ça! – Comment? Vous le savez? »

Je me contentai de sourire. L'homme reprit d'une
haleine : « Oui, elle m'a plaqué, monsieur de Sabato.
Sans laisser un mot. J'étais parti pour mon bureau
comme tous les jours... Quand je suis rentré le soir,
elle avait disparu. Elle a emporté ses affaires... » Et
sur le même ton : « Dites-moi, quand reviendra-
t-elle? » Ce qui est étrange, c'est que ce mari au bord
des larmes ne m'ait pas demandé : « Va-t-elle revenir? » mais : « Quand va-t-elle revenir? » comme si le
retour de son épouse ne faisait aucun doute.

Il était tellement sûr de lui, tellement macho que
l'hypothèse d'un départ définitif ne lui avait pas
effleuré l'esprit. Moi qui voyais le comportement de
ce monsieur, moi qui lis dans le passé et déchiffre ce
qui a été vécu, je savais que sa femme avait subi un
calvaire à ses côtés : des colères d'une violence
inouïe surtout quand l'homme était pris de boisson,
ce qui lui arrivait souvent, des brutalités exercées
sur cette malheureuse et ses enfants, des liaisons
affichées, des abandons durant des semaines
entières. Bref, l'homme que j'avais devant moi
n'était guère recommandable. Quelle femme avait
pu être assez naïve pour épouser un être pareil!
Cette vie conjugale infernale durait depuis plus de
quinze ans. La seule excuse de cet individu était qu'il

tenait un raisonnement simple. S'il avait pu faire souffrir sa victime pendant tant d'années, elle le supporterait vingt ans encore. Eh bien non! Il s'était trompé. Sa femme était partie.

Devant un pareil aveuglement je n'en fus que plus à l'aise pour lui révéler la vérité : « Votre femme est partie, monsieur, mais elle n'est pas partie seule. Elle a rejoint un autre homme qui a su la comprendre et qui va la rendre heureuse. Je peux vous assurer qu'elle ne reviendra jamais avec vous. D'ailleurs, ajoutai-je tandis que mon consultant se décomposait, si votre femme était venue me consulter à votre place, c'est le conseil que je lui aurais donné : partir et refaire sa vie avec un autre que vous ! »

Je crus un instant que l'homme assis en face de moi allait me sauter à la gorge, mais il se contint. Il prit une profonde inspiration, baissa les yeux vers le sol et pleura.

Ses larmes n'étaient plus de rage ou de dépit, mais de chagrin et de remords. Le coup était rude. Il avait porté. Ce jour-là, par chance, le malheureux n'avait pas bu. Il reprit lentement ses esprits. « Que dois-je faire? dit-il dans un souffle. – Pour le bonheur de votre femme, laissez-la vivre son nouveau destin et vous, à votre tour, cherchez le vôtre. »

Je lui expliquai les lois du destin parallèle, les possibilités qu'il lui offrait de prendre une direction nouvelle. Je lui conseillai de faire une cure de désintoxication, car il s'agit d'une maladie qu'il est possible de guérir.

Ne voulant pas s'avouer son échec conjugal, l'homme en faisait retomber la faute sur sa femme et la martyrisait, puis il s'autopunissait en abusant de la boisson. Plus il buvait, plus il devenait méchant. Plus il avait honte de sa méchanceté, plus il buvait... Un cercle infernal que le départ sans préavis de l'épouse meurtrie avait rompu.

Je n'étais pas assuré que mon raisonnement fût parvenu à le convaincre. J'insistai en lui montrant qu'il était promis à une existence plus heureuse, qu'il renouerait dans quelques années avec sa femme des relations amicales grâce auxquelles il pourrait retrouver ses enfants. Il serait aidé dans sa rédemption par une autre femme qui deviendrait son épouse après avoir fait de lui un homme meilleur.

Tout a eu lieu comme je l'avais prédit, ce qui ne fait que confirmer, si besoin était, les chances offertes par le destin parallèle.


Tous les hommes abandonnés ne sont pas des alcooliques. Ils n'ont ni battu ni trompé leur femme. Pour qu'une épouse quitte de son plein gré le foyer conjugal, surtout si elle a des enfants et même si elle les emmène avec elle comme dans la plupart des cas, il faut que son mari ait eu bien des torts. Les « bonnes gens » qui peuvent être de mauvaises langues murmurent : « Bien sûr elle avait un amant! » ce qui est rarement la vérité. Dans cette hypothèse, il faudrait rechercher quelle part indirecte a pu avoir le mari dans cet adultère car bien des fois il a été causé par une indifférence mal vécue par une épouse aimante.

Je ne prétends pas que toutes les femmes sont fidèles. Je ne suis pas naïf. Je vois défiler dans mon cabinet certaines épouses qui ont choisi de vivre avec un homme plus jeune ou plus riche ou plus célèbre que leur mari auquel elles ne peuvent rien reprocher. Elles ne forment pas la majorité. Quand une femme s'en va, c'est le plus souvent la faute de l'homme car elle est attachée à la structure familiale, aux amies qui l'entourent, au décor qu'elle a choisi et créé en fonction de son goût ou de ses caprices. L'homme ne fait qu'y passer quelques heures, alors qu'elle règne souvent sur le petit royaume qui est sien si elle ne gagne pas sa vie à l'extérieur.

L'homme est aventureux et voyageur. La femme est sédentaire. Il faut de fortes raisons et beaucoup de courage, même si elle travaille, pour rompre avec son univers familier.

## U. LES ENFANTS ABANDONNÉS

Je sais la cruauté du drame des enfants abandonnés pour l'avoir vécu moi-même. Ce n'est pas seulement un problème mais une tragédie qui se déroule sous les yeux indifférents de tous et qui pourtant interpelle chacun.

Le destin de l'enfant abandonné pèse sur toute sa vie. Il sentira toujours le manque affectif, qu'il ait trente, cinquante ou quatre-vingt ans. Il traînera ce boulet d'abandon, cette angoisse, cherchera une main qui le rassure, des bras qui l'accueillent, un cœur où se réchauffer. Fragile créature qui attend d'une femme qu'elle remplace la mère à tout jamais perdue, d'un homme qu'il joue le rôle du père éternellement absent. Certains ont la chance d'avoir, malgré tout, des frères et des sœurs, d'autres non, et ceux-là, livrés à la solitude, toute leur vie demanderont aux hommes et aux femmes qu'ils rencontreront de jouer le rôle de la cellule familiale, cherchant à se recréer tant bien que mal une sorte de tribu privilégiée. Ce pauvre gosse ne réussira jamais à devenir adulte. Il lui faudra pourtant faire face à la vie comme les autres.

En revanche – car le destin lui réserve une revanche – ce cœur d'enfant est empli de générosité. Il a besoin d'amour mais il est capable d'en donner davantage que les autres. D'autant plus qu'il a, pour son malheur, été placé dans l'un de ces centres gérés par l'administration où sont parqués orphelins et enfants laissés pour compte.

Les enfants abandonnés ont aussi un destin parallèle. C'est la grande idée de ma vie. Ce problème me touche personnellement. J'ai toujours pensé que les enfants n'étaient pas seuls à connaître l'abandon. C'est le sort des gens âgés, de ceux que leurs enfants ou petits-enfants délaissent, de ceux qui n'ont pas de descendants, pas de famille directe. Leur destin parallèle c'est de s'unir, de choisir une nouvelle vie où les êtres vulnérables qu'ils sont se rencontreront et parviendront à s'aimer.

Il est temps de créer des villages, des hameaux, de restaurer ces maisons qui s'écroulent dans l'oubli, de faire revivre ces lieux condamnés à la ruine où tant d'enfants pourraient connaître le bonheur et la joie en compagnie d'adultes âgés, délaissés eux aussi. Les enfants grandiraient, recevraient l'amour et l'affection de grands-parents d'adoption choisis par eux et qui les auraient choisis, heureux de donner en retour ce même amour et cette même affection qu'ils ne savent vers qui orienter.

Unir ces deux misères, joindre ces deux chagrins, ce serait créer un amour qui pourrait être bénéfique aussi bien aux enfants qu'aux vieillards.

Il s'agit d'une idée en avance sur son temps. Nous ne sommes pas encore entrés dans l'ère du Verseau. C'est pendant l'ère du Verseau que cette idée se réalisera, mais il faut la lancer dès aujourd'hui. Elle fera son chemin. Il y a de grandes choses à accomplir dans ce domaine. Il faut donner beaucoup d'amour aux enfants comme aux vieillards, car les adultes, en pleine force de l'âge, ont moins besoin de protection. Ils connaissent des chagrins, de rudes épreuves, j'en ai parlé, mais ils ont la force de se défendre et de réagir contre l'adversité. Personne ne peut en dire autant des enfants et des vieillards. De par leur nature, la force leur fait défaut. Préparons les enfants pour leur créer un avenir heureux, pour qu'ils soient équilibrés, à l'aise dans leur peau, chargeons-les d'amour pendant l'enfance pour qu'ils puissent à leur tour aimer profondément au cours de leur vie d'adultes et de vieillards. Aimons les vieillards, aimons-les parce que nous savons qu'à plus ou moins brève échéance ils vont disparaître. On n'aime jamais suffisamment tant que dure la vie. La mort amène toujours le regret de n'avoir pas aimé davantage celui ou celle qui n'est plus là.

Les enfants abandonnés, eux, connaissent le prix de l'amour. C'est ce qui leur importe le plus. Ils passeront leur vie adulte à semer le bonheur. Ils sauront rendre heureux leur entourage et, à plus forte raison, conjoint et enfants.

Ces êtres qui ont souffert savent faire naître la joie et dispenser l'amour. Prêts à agir, débordant d'idées, ils se mettent au service de l'enfance malheureuse, des déshérités, des parias. Ils sont capables de se sacrifier à de grandes causes et finissent par devenir des hommes qui marquent l'histoire de leur temps, car ils ont en partage la force et la toute-puissance de l'amour.

V. LES ENFANTS TERRIBLES

Il faudrait avoir le courage de laisser libres ses enfants. Leur sagesse n'est pas la nôtre. Rares sont

les parents qui ont admis cette maxime et sont
capables d'accepter le choix de leurs fils ou de leur
fille en matière conjugale. Ils oublient qu'ils ont
vécu la même aventure en leur temps et refusé
d'écouter les conseils de leurs aînés. La discorde
s'installe dans la cellule familiale disloquée. Survient alors l'inévitable conflit des générations.

L'ère du Verseau fera sombrer jusqu'au souvenir
de ces déchirements mais ils existent bel et bien car
les enfants sont en avance sur leurs parents qui ne se
reconnaissent plus en eux. Quand les enfants vont
jusqu'à cesser toute relation avec leur famille, ce qui
se produit souvent, les parents ressentent doulou-
reusement cette absence qu'ils ont peut-être provoquée sans l'avoir voulue. Si ce père et cette mère
solitaires vivent ensemble un grand amour, la rupture avec les enfants ne sera pas ressentie si fort. Ils
resserreront les liens qui les unissent déjà, se rap-
procheront l'un de l'autre davantage. Ils s'aiment
assez pour faire face. L'amour aide à résoudre tous
les problèmes.

Hélas, trop souvent, le couple n'a réussi à maintenir l'équilibre qu'à cause des enfants. Sa vie
commune n'est plus, comme dit l'Évangile, qu'un
sépulcre blanchi. Ces êtres ne trouvent plus de goût
à l'existence. Leur vie n'a ni sens ni but. Ils se
traînent dans l'appartement ou la maison trop
grands pour eux, heureux quand ils ne tombent pas
malades.

La solution existe, quelles que soient les décisions
des enfants, quels que soient les arguments invoqués
pour expliquer la rupture. Il faut que ces parents
fassent le premier pas vers leurs enfants. C'est leur
seule échappatoire : essayer de comprendre. Vouloir
comprendre.

A cette heure où le désespoir frappe à la porte,

rien n'a d'importance, ni le style de vie adopté par les enfants, ni les fautes qu'ils ont ou non commises, ni les mots très durs qui ont été prononcés, les anathèmes et les malédictions. Il faut tout oublier et aller vers eux. Ces parents qui ont guidé les premiers pas de leur enfant ne doivent pas hésiter à faire à leur tour les premiers pas malaisés de la réconciliation et de l'amour.

J'évoquerai le cas de ce couple d'âge mûr venu me trouver, ne sachant plus à quel saint se vouer parce que leur fils les avait quittés pour épouser une jeune femme de couleur et cela malgré leur opposition. J'ai refusé d'aller dans leur sens, de leur dire qu'ils avaient raison en adoptant cette attitude raciste. Je sentais, en les voyant, que la jeune femme en question serait prête à leur ouvrir les bras, mais je savais aussi qu'elle était trop fière pour les voir la première, les supplier d'accepter sa différence, leur demander de chérir l'enfant qu'elle portait. Seule et isolée dans un pays étranger, elle n'attendait qu'un mouvement de leur part. Je les ai convaincus, je leur ai ouvert les yeux. Ils ont devant moi décroché le téléphone pour appeler leur fils et l'inviter à dîner avec sa femme ; comme je m'y attendais la réponse fut bien sûr un « oui » de soulagement. Voilà des gens qui par un petit geste de compréhension ont réussi à sortir d'une situation qui leur paraissait pourtant inextricable et sans espoir. Ils m'ont invité à voir leur petit-fils. J'ai été profondément ému de contempler cette famille unie qui pourtant passa si près de la déchirure.

Les parents croient que le fait d'avoir élevé leurs enfants leur donne des droits sur eux. Nous ne sommes plus au temps de la Rome antique où le *pater familias* avait droit de vie et de mort sur sa famille. Les mœurs ont changé. Aujourd'hui si on met des enfants au monde c'est pour les accompagner le plus longtemps possible, au-delà du temps de leur adolescence. L'amour paternel et maternel veut dire aussi être capable de se sacrifier quand sa fille ou son fils sont devenus adultes. Nul ne peut se targuer d'avoir été un père ou une mère irréprochable. Être irréprochable en tant que parent n'est que faire son devoir et bien chichement, car faire des enfants est essentiellement un acte d'amour. Un acte d'amour qu'il faut continuer sans cesse quelles que soient les embûches qui peuvent se présenter. Même si les enfants ont tous les torts – et, à bien examiner la plupart des situations que me décrivent mes consultants, il est rare que les torts ne soient pas partagés – les enfants attendent de voir leurs parents faire le premier pas pour ressouder les liens brisés.

Toute leur vie, les parents gardent des devoirs envers leurs enfants. Il arrive que ce soient les enfants qui reviennent les premiers mais ce n'est pas dans l'ordre des choses. S'il y a conflit, ce n'est pas à l'enfant de revenir vers ses parents, mieux vaut ne pas nourrir ce genre d'illusions. Le devoir d'ouvrir les bras reste toujours celui des parents.

Les parents les moins sévères ont dans leur vie distribué des gifles à l'enfant. Ils l'ont frappé. Ils ont introduit la violence dans leurs rapports. L'enfant ne pourra jamais l'oublier même s'il l'avait mérité. Les parents ne peuvent jamais être sûrs d'avoir été à la hauteur de leur tâche. Il leur faut ne jamais oublier que donner le jour à un enfant, c'est rester à même de lui donner de l'amour.

Comment ignorer la fatalité de la mort qui intervient dans les rapports parents-enfants? C'est une possibilité du destin, et ceux qui ont laissé s'installer la brouille entre eux et leur enfant pour des raisons futiles et voient tout à coup la mort emporter celui qui s'était séparé d'eux, ces parents-là ne pourront jamais se remettre d'un tel deuil rendu plus cruel par l'idée qu'ils auraient pu recouvrer l'affection de leur fils ou de leur fille. Ils auraient pu, ils auraient dû. Ils ne l'ont pas fait et il est trop tard.

Nous sommes tous mortels et, même si nous bénéficions d'un destin parallèle, la mort n'est pas vaincue. Elle reste et restera toujours une fatalité.

### W. CES VIEUX QU'ON ABANDONNE

Après la Seconde Guerre mondiale la mobilité sociale s'est accrue. Hommes et femmes ont quitté leur village, leur ville et leur région pour aller travailler au loin, hors de leur lieu de naissance. Une des conséquences et non des moindres de cet exil fut l'éclatement de la famille patriarcale où vivaient sous le même toit grands-parents, arrière-grands-parents, petits-enfants et arrière-petits-enfants. La crise du logement a sa part de responsabilité dans cette déchirure familiale. Rares aujourd'hui sont ceux qui vivent dans la ferme ou la maison ancestrale qui s'agrandissait d'une aile en même temps que s'élargissait le cercle de famille. Heureux ceux qui de nos jours disposent d'un appartement assez grand pour envisager d'avoir trois enfants. Il n'est pas question de garder près de soi ses vieux parents, encore moins ses vieux grands-parents.

Les vieillards d'autrefois pouvaient être assurés de finir leur vie entourés de l'amour et de l'affection de leurs enfants et petits-enfants. Si l'un d'eux disparaissait, l'autre n'était pas condamné à l'hospice ou à la maison de retraite. Aujourd'hui, non seulement les enfants quittent très tôt leurs parents pour former

ailleurs un autre couple, mais les grands-parents
sont parfois terriblement abandonnés par leurs descendants. Ce fait social entraîne avec lui des formes
de vie différentes, des destins parallèles, de nouveaux modes d'existence à l'intérieur de nouveaux
destins.

En France, on recensait en 1982 trois millions de
veuves de plus de cinquante-cinq ans contre six cent
mille veufs. C'est dire l'immense population de
grand-mères qui vivent seules au soir de leur vie. Ces
isolées viennent me consulter car elles ont autant
d'amour à donner. Les rides du visage n'ont pas
flétri leur cœur. Ces rides ne sont que des sillons
creusés par les souffrances et les larmes. Un sourire
heureux suffit à les effacer. Vieillir n'atténue par les
émotions, cela peut éventuellement atténuer celles
du corps, mais le besoin de vivre à deux, d'aimer,
d'être aimé, de communiquer, de communier, de
vivre des sentiments et des émotions partagés reste
aussi vif.

Je rencontre souvent de ces grand-mères abandonnées qui auraient tant besoin de donner et de
recevoir de l'amour. La solution existe. C'est celle
que j'ai déjà évoquée à propos des enfants abandonnés : il faudrait réunir ces misères affectives, faire
vivre ensemble grand-mères et jeunes enfants abandonnés, afin de leur offrir des chances d'épanouissement qu'ils ne trouveront jamais dans un asile de
vieillards, dans un orphelinat ou dans toute autre
organisation gérée par la DASS.

Le destin de ces grand-mères solitaires n'est pas
obligatoirement sombre. Souvent elles se remarient.
Cette question ne se posait pas quand elles restaient
auprès de leurs enfants et petits-enfants. L'idée leur
aurait semblé déraisonnable. Elles déversaient sur
leurs petits-enfants l'amour de leur cœur vacant. De

nos jours, quand elles se voient privées du soutien de la jeunesse autour d'elles, elles cherchent à se remarier, et elles y réussissent. C'est là qu'est leur destin parallèle.

Malheureusement les statistiques sont formelles : il y a en général cinq veuves pour un seul veuf. Voilà pourquoi on trouve moins de grands-pères solitaires que de grand-mères abandonnées. Il y a toujours une grand-mère pour mettre la main sur un grand-père oublié. Ce phénomène nouveau ira en s'accentuant avec l'ère du Verseau. De plus en plus nombreuses sont les femmes de soixante-cinq ou soixante-dix ans qui choisissent de se marier avec un monsieur de dix ans leur cadet. C'est un destin parallèle, une nouvelle manière de choisir leur vie. Cela n'a rien d'immoral. Elles ne trouvent pas à se marier parmi leurs contemporains, car les veufs de leur âge ne sont pas assez nombreux.

Je vois venir à moi ces dames âgées qui espèrent trouver un compagnon avec qui finir leur vie (quand je dis âgées, je parle de dame de quatre-vingts ans ou de quatre-vingt-cinq ans). Il n'y a rien dans ce fait qui doive prêter à sourire. Le cœur et les sentiments restent toujours les mêmes quel que soit l'âge. Si la solitude est terrible à quarante ans, à quatre-vingts ans, quand on sait qu'un jour ou l'autre la mort viendra, dans six ans voire dans dix, quand on sait que la grande faucheuse ne saurait manquer le rendez-vous et qu'on se voit seule dans un appartement à l'attendre, le sentiment de solitude devient insupportable.

Il ne faut pas croire que toutes les femmes seules à la fin de leur vie pourront trouver facilement un compagnon, qu'il soit de leur âge ou plus jeune. Le déséquilibre numérique entre hommes et femmes âgés est trop important. Là encore il existe un destin parallèle. Il y a une solution. Pourquoi ne pas réinsérer ces vieilles dames solitaires au sein de familles capables de les accueillir et de les aimer? N'oublions pas le rôle des grand-mères à l'intérieur des familles. Elles créent tendresse et douceur de vivre. C'est auprès d'elles que nous avons vécu les moments les plus doux de notre jeunesse, ce sont elles qui nous ont bercés d'histoires merveilleuses. Dépositaires de la mémoire ancestrale, elles savent transmettre aux nouvelles générations le savoir et l'expérience de ceux qui les ont précédées.

Souvenons-nous de ce beau dialogue rapporté par Restif de La Bretonne dans les *Nuits de Paris*. Le spectateur nocturne, le « hibou », ainsi se surnommait-il lui-même, rencontre une femme âgée marchant péniblement seule vers deux heures du matin :

« Madame, lui dis-je, pourquoi rentrez-vous si tard?

– Je devais garder un malade, on a craint que je m'endorme...

– On aurait dû vous faire coucher à la maison!

– J'ai craint d'incommoder. A mon âge, monsieur, on n'est souffert que dans le besoin le plus urgent et pourtant, il n'y a de soin que de femme, il n'est d'attention que de vieille! »

Retenons et méditons cette belle pensée : « Il n'est d'attention que de vieille! »


X. Un homme et son chien

L'alliance entre l'être humain et les animaux s'exprime quand on regarde un homme avec son chien. L'animal comble la solitude de l'humain, lui permet d'oublier son isolement et sa peur mais lui permet surtout de recevoir et de donner de l'amour.

Ces créatures dont le destin est de subir nos caprices et nos besoins sont si souvent pourchassées, exterminées, dévorées, alors que pourtant dès qu'elles sont domestiques ou apprivoisées elles donnent à l'être humain tout l'amour du monde.

Plaider en faveur des animaux, cela veut dire rappeler qu'à l'inverse des hommes les chiens, par exemple, sont bons, fidèles, qu'ils vous aimeront toujours autant, qu'ils auront pour vous la même passion quelle que soit leur race. Si on perd un conjoint, on peut se demander si on rencontrera jamais un être aussi cher. Ce n'est pas vrai d'un chien. Cet animal ignore l'intérêt. Il s'attache à l'homme par pur amour, par pur dévouement, et si votre chien est mort, le nouveau vous apportera autant de joie que l'autre. Que ceux qui ont beaucoup aimé un animal et qui l'ont perdu n'hésitent jamais à en choisir un autre plutôt que de vivre dans le chagrin.

J'ai perdu un chien que j'adorais et je me suis aperçu que je pouvais pourtant en aimer un autre autant et que l'amour que me rendait mon nouveau compagnon à quatre pattes était aussi fort que celui de l'ancien.

Dans la vie d'un couple, le rôle joué par l'animal est différent. Il ne peut pas être comparé au lien qui se forge entre le solitaire et un animal familier. Dans certains couples où l'un domine l'autre, il arrive par exemple qu'un mari, écrasé par sa femme, reporte sur son chien son besoin de pouvoir et d'autorité. L'animal ne peut ni ne veut se défendre. Il aime son maître quel que soit le maître. L'animal ne juge pas l'humain qui l'a choisi. Il l'adopte et se dévoue pour lui. Toutefois, si le chien ne juge pas son maître, il sait reconnaître qui entre dans la maison. Il sent les ondes de l'étranger qui pénètre dans son domaine.

Les chats, meilleurs médiums, ressentent intensément si l'intrus est animé de bonnes ou de mauvaises intentions et le manifestent à leur manière.

D'ailleurs, les animaux, domestiques ou non, sont sensibles aux ondes magnétiques que nous ignorons et pas seulement en face des êtres humains. On sait qu'ils désertent les lieux avant un tremblement de terre ou une éruption volcanique. Il ne faut jamais mépriser l'amour et l'affection qu'ils peuvent nous témoigner et garder présente à l'esprit l'idée que ces compagnons de notre vie quotidienne peuvent représenter un atout contre la solitude.

### Y. Amour et dévouement

Choisir de consacrer sa vie au service des plus démunis, comme le fait Mère Teresa par exemple, relève du libre arbitre donc du choix du destin.

De tels choix sont si exceptionnels face à la violence que l'histoire a gardé la trace de ces êtres lumineux qui se sont consacrés à leur prochain. Je pense à saint François d'Assise, à saint Vincent de Paul. Mais si l'Église catholique a fait des saints de ces hommes d'exception, il y a, plus près de nous, Pasteur, Pierre et Marie Curie, le docteur Schweitzer qui, pour ne pas être canonisés, n'en méritent pas moins un brevet de sainteté.

Quand on voit aujourd'hui des mouvements d'hommes et de femmes réunis par milliers dans le monde, comme « Médecins sans frontières » ou « Médecins du monde », d'autres encore tels les défenseurs des droits de l'homme dans les diverses organisations internationales, on se rend compte que quelque chose change. L'heure du dévouement, de la compréhension de l'homme par l'homme a enfin sonné. Cela est typique de l'approche de l'ère du Verseau, qui permet à tant de gens de se concerter pour faire œuvre de dévouement envers les hommes, de les aimer d'un égal amour.

Il ne s'agit plus de destin-fatalité. Il n'était pas dans le destin initial de ces hommes et de ces femmes de partir porter secours à ceux qui souffrent de guerre, de famine ou d'épidémies. Ils auraient pu rester tranquillement chez eux. S'ils ont choisi d'être différents, c'est parce qu'ils ont donné un sens à leur existence en la sacrifiant à l'humanité. Le choix de leur conscience et de leur cœur a fait bifurquer la ligne tracée de leur destin.

Ils sont les authentiques persécuteurs de l'ère du Verseau. Ils seront bientôt si nombreux qu'on ne pensera même plus à en faire des saints comme autrefois l'Église catholique. Ce genre de choix paraîtra normal, appartiendra aux normes humanitaires qui régiront l'ère nouvelle. C'est d'amour qu'il est question dans ce nouveau choix de vie, d'un amour qui ne cherche pas à savoir s'il est payé de retour mais qui décide de se dévouer à ceux qui souffrent. Mère Teresa a reçu le prix Nobel de la Paix, prix qui n'a jamais été aussi mérité. Il aurait fallu faire plus pour cette femme unique. Heureusement, à son exemple, partout se lèvent d'autres femmes et d'autres hommes qui offrent leur dévouement pour tenter de soulager la douleur des millions de parias qui composent le quart monde. La tâche, immense, semble insurmontable. Que peut une poignée de combattants pour vaincre la misère du monde? Ils peuvent presque tout car ils sont unis. Dans leur sillage, ils entraînent les jeunes qui subissent de moins en moins la pesanteur de l'égoïsme et de l'indifférence, naturelle aux adultes que nous sommes.

On m'a parfois demandé si l'amour physique était exclu de la vie de ces êtres extraordinaires. Pour Mère Teresa, cela ne fait aucun doute. Il est cependant des hommes et des femmes qui ont ou qui ont eu une vie physique, ce qui ne les a pas empêchés de se dévouer. L'exemple du Père de Foucauld qui, brillant officier, mena une vie mondaine avant de tout sacrifier pour devenir ermite missionnaire au Sahara est présent dans les mémoires. Cela importe peu. Ce qui compte, c'est qu'ils ont allégé le fardeau ou les douleurs de leurs contemporains.

Dans ce monde qui a connu la haine, la destruction, la violence sous toutes ses formes, les massacres, les révolutions et les inégalités que nous ne voyons que trop, il faut répéter que, sans ces êtres-là, le sort de l'humanité aurait été encore plus douloureux. Trop souvent, le don de leur vie passe inaperçu. Pourtant à leur humble niveau, ils ont fait et font plus que les gouvernements du monde réunis. Pressentant qu'ils seraient utiles à l'humanité, ils ont choisi leur destin parallèle afin d'aider leurs semblables. Le Verseau soit loué, ils seront chaque jour plus nombreux.


## Z. S'UNIR À DIEU

Dieu est le seul grand amour qu'on puisse éprouver sans prendre le risque d'être trompé. Mariage idéal pour un croyant. Encore faut-il s'entendre sur la notion de Dieu. Ce mot désigne pour moi une force supérieure, une énergie ou, plus exactement, un ensemble d'énergies cosmiques où se trouvent unies les âmes les plus pures des humains qui ont su faire de leurs différentes réincarnations des modèles de sagesse et de dévouement. Sont rassemblées dans ce flux d'énergie les âmes des grands prophètes, des guides spirituels que nous connaissons et que chacun vénère à sa manière : Bouddha, Moïse, Jésus, Mahomet et de tant d'autres dont l'aura spirituelle rayonne au-dessus de l'humanité.

C'est ainsi qu'en un seul Dieu, chacun reconnaît le sien. Bien des peuples se réclamant de Dieu l'utilisent comme bon leur semble et commettent en son nom les pires atrocités. Ceux qui se servent de Dieu pour répandre la violence sont des fanatiques pour qui n'existe qu'un seul Dieu véritable, le leur, et plusieurs diables, ceux des autres.

Le mariage avec Dieu n'engendre ni guerre ni violence. C'est une union marquée par la prière et par la spiritualité. On a tendance à ignorer ou à mépriser la force de la prière. Ce sont ses ondes spirituelles chargées de sagesse qui peuvent atteindre la conscience de certains et les aider à choisir entre le bien et le mal. La prière est nécessaire. Elle fait circuler des énergies bienfaisantes qui s'interposent entre le mal et les humains. Nul ne peut nier avoir connu ces moments de la vie où il hésitait au risque de se perdre et où il a été retenu au bord de l'abîme par un bras invisible, par une force inconnue. Le combat entre courants positifs et négatifs est incessant. Le mariage avec Dieu, une union totale avec cette force cosmique sont indispensables au maintien de l'équilibre de notre spiritualité. Cette union peut nous guider dans le labyrinthe de la confusion. Elle est notre fil d'Ariane qui parvient seul à sortir nos consciences du dédale de l'incertitude.

Loin de moi l'idée de dire que seuls ceux qui épousent Dieu sont utiles à l'humanité. Il existe heureusement des gens ayant une vie intérieure et qui, sans appartenir à une religion, savent se retirer pour faire retraite dans des couvents, des monastères, des ashrams, ou autres lieux de réflexion et de prière. Ceux-là participent au flux d'énergie bénéfique, à la lutte contre les influx maléfiques qui conduiraient le monde à sa perte s'ils trouvaient un champ libre où se déchaîner. Le curé d'Ars a dit : « La vie intérieure est un bain d'amour dans lequel on se plonge. »

Je n'oublie pas les prêtres. Certains d'entre eux s'engagent dans la lutte politique contre des gouvernements despotiques ou autoritaires afin de soulager la misère temporelle des peuples asservis. Pourtant entre Dieu et la politique la marge est étroite. Soulager la misère du monde est une chose, s'engager politiquement une autre. Viendra tôt ou tard le jour où le prêtre devra choisir entre Dieu et l'action politique. C'est là que se situera son destin parallèle.

PEUT-ON CONCLURE ?

Comment clore ce chapitre qui traite de l'amour sans dire qu'il n'existe pas dans ce domaine de conclusion applicable à tous. Les êtres diffèrent, les situations aussi. Pour moi l'amour reste un livre ouvert. L'amour est la valeur par excellence, celle que je place le plus haut, la seule émotion qui soit capable d'améliorer le genre humain. C'est par l'amour que passeront toutes les démarches de paix. L'amour transforme et transformera tout. Il demeure la seule arme contre la misère, la violence et la guerre.

L'amour dans un couple ou dans une famille crée

l'optimisme qui provoque un meilleur choix de destin. Les gens heureux en amour réalisent leur destin avec plus de fermeté et de détermination que ceux qui ne connaissent pas le bonheur d'aimer. Les cœurs secs sont inaccessibles à la bonté, à la pitié ou incapables d'aller vers les autres. Ils cachent sous une feinte indifférence ou par un mépris affecté leur impuissance à éprouver un sentiment vrai.

Pour ceux qui ont la chance d'être doués du pouvoir de création, l'amour tient une large part dans leur inspiration. Les peintres, les musiciens, les poètes ont beaucoup aimé, car il faut beaucoup aimer pour comprendre la vie et pour l'interpréter en couleurs, en notes ou en mots. L'amour est la force émotionnelle la plus puissante que l'homme soit en mesure de connaître. Cette force lui permet de réussir le tracé de son destin, ou d'apercevoir, au moment opportun, le chemin parallèle qui les conduira, lui et la personne qui partage son existence, sur une meilleure route. Alors que celui qui vit sans amour passe à côté du bonheur vrai, parce que vivre sans amour n'apporte aucune stimulation. L'étroitesse de son cœur se révèle dans sa façon d'agir : indécision, hésitation, crainte d'aller de l'avant. Cet enchaînement entraîne une suite de fatalités si fortes que cet être desséché échoue dans ce qu'il entreprend. Pour entreprendre, il faut être heureux. Pour réussir, il faut être heureux. Pour être heureux, il faut aimer.

Combien de fois entendons-nous dire autour de nous : « J'ai raté ma vie ! Je suis seul. Je me jette dans le travail. » Travailler d'arrache-pied, y passer ses jours, ses nuits, ne pas prendre de vacances, sans chercher à savoir ce qu'il serait possible de faire pour mieux vivre, n'est pas une solution. Travailler pour occuper le temps, pour le tuer, pour oublier que l'on n'a pas une vie sentimentale, n'avoir d'autre but que de faire de l'argent, n'est pas une solution. Une telle attitude empêche de réaliser le meilleur de son destin, en ne reconnaissant pas lorsqu'elle se présente l'opportunité d'une autre existence. Les amoureux sont plus ouverts au monde. Ils sont sensibles, ils ont plus d'intuition, ils devinent ce qu'ils doivent faire, ou ne pas faire. L'amour apporte un sixième sens, une autre dimension à la vie, la possibilité de mieux la réussir. L'amour est sinon la clé du destin parallèle, du moins la manière de le discerner clairement.

Dans sa pièce *Les Trois Sœurs* représentée pour la première fois en 1901, l'écrivain russe Anton Pavlovitch Tchekhov a eu une phrase prophétique. Je veux la citer ici, car même si elle contient une erreur de date – l'ère promise étant plus proche que ne le prévoyait le dramaturge –, elle témoigne d'une intuition fulgurante comme seuls peuvent en connaître les poètes et les voyants :

« Dans deux cents, trois cents ans, la vie sur terre sera d'une beauté indescriptible. Cette vie est nécessaire à l'homme et si elle n'a pas vu le jour jusqu'ici, il faut la pressentir, attendre, rêver, espérer! »

# Deuxième Partie

# La terre
## et
# son destin parallèle

Notre monde à son tour ayant
conquis l'espace
Se verra délivré de la peur et du mal
Et nous ne serons plus ce voyageur qui
passe
Ne laissant après lui qu'un sillage
banal!

M. d. S.

# 8

## Les années 1990
## Le krach financier
## Bourse et destin parallèle

C'est vérité de La Palice que de déclarer l'économie mondiale en crise. Il ne faut pas se faire d'illusions, la crise ira s'aggravant, pour conduire à un krach financier inévitable si tous les économistes, tous les politiciens, tous les hommes de prévision continuent à mettre en place des mesures inefficaces qui, estiment-ils, vont sauver l'économie mondiale. Ces experts sont dans l'erreur, même s'ils sont sincères.

Le monde est acculé. Il ne lui suffira pas, comme en 1929, de se déclarer en faillite pour pouvoir tout reprendre à zéro.

Contrairement à ce qui va se produire avant 1990, la crise de 1929 ne pouvait avoir d'incidences ni pour le bédouin du désert ni pour le Noir africain. Ces peuples asservis et colonisés restaient indifférents face à la crise car ils n'étaient guère concernés par elle. Aujourd'hui tout a changé. Ces peuples autrefois sous le joug fournissent au monde dit civilisé les matières premières indispensables : pétrole, uranium, phosphates, etc. Roosevelt a mis fin à la crise de 1929 en instaurant le New Deal, qui pourrait se résumer en une idée simple : l'industrie pour pouvoir continuer à fabriquer des produits a

besoin que la majorité des citoyens puisse les acheter. Il ne peut y avoir de producteurs prospères sans
consommateurs disposant d'un pouvoir d'achat.
L'idée à l'époque semblait révolutionnaire. Elle
entraînait la société de consommation telle que
nous la connaissons, fondée sur le crédit et le
suréquipement. La nourriture et l'achat de terres ont
cessé de constituer les principales dépenses des
ménages. Désormais, on allait acheter à crédit voi-
tures et robots ménagers. L'industrie en vint à
produire pour tous et même pour les plus jeunes.
Les adolescents, qui n'achetaient rien, ne représentaient aucun pouvoir d'achat, aujourd'hui sont aussi
des consommateurs qui financent l'industrie du
disque et du vêtement. Même les bébés sont des
consommateurs qui utilisent couches, lait en pou-
dre, pots de nourriture en conserve. Tout semblait
donc devoir se poursuivre éternellement. Malheureusement la machine a grippé dans la mesure où
les trois quarts de la planète, devenus producteurs
de biens de consommation courante ou fournisseurs
de matières premières, n'ont pas les moyens d'acheter les produits finis de l'industrie. Le tiers monde
meurt de faim. Il est chaque jour plus endetté auprès
du Fonds monétaire international. Il est bien loin
d'avoir atteint le niveau qui lui permettrait d'offrir à
l'industrie des consommateurs sophistiqués. Il ne
peut même pas payer sa nourriture de chaque jour.
En revanche, il produit. Non seulement le fossé
entre pays riches et pays pauvres va s'élargissant
mais l'hydre de la pauvreté pousse ses tentacules à
l'intérieur même de l'Occident capitaliste, dévoré
par ses propres contradictions.

Il y a surproduction mondiale et, parallèlement,
diminution mondiale des capacités d'absorption.
Nous ne savons que faire de nos excédents de

produits alimentaires et nous sommes incapables de les distribuer de façon satisfaisante dans ces parties du monde qui connaissent des famines exterminant des peuplades entières.

Les puissances occidentales sont aujourd'hui contraintes de subventionner les entreprises et de stocker leur production pour tenter d'enrayer le chômage à l'intérieur des pays riches. L'échec des diverses mesures prises par les gouvernements successifs pour soulager l'économie devient chaque jour plus évident, quoi qu'en prétendent ceux qui cherchent à désinformer en colorant la vérité en rose pour les peuples qui ont pourtant le droit de connaître la situation.

Le destin parallèle du monde passe malheureusement par un krach incontournable. Les dettes des pays insolvables se trouveront effacées à ce moment-là. Ils ne les rembourseront pas, car ils ne sont pas et ne seront jamais en mesure de le faire. Le seuil de la misère est chez eux tellement insupportable que nul ne peut envisager de le leur faire dépasser pour les contraindre à rendre de l'argent à la Banque mondiale. Ce serait non seulement immoral mais dangereux. Plus on affaiblit un peuple, plus on le réduit à la misère et à la faim et plus le monde court le risque de le voir se révolter, poussé par un légitime sursaut de son droit à l'existence.

Le problème est si aigu qu'à l'heure actuelle les pays endettés demandent de nouveaux prêts afin de pouvoir rembourser les intérêts de leur dette. Dans peu de temps, le krach monétaire les libérera de leurs obligations. Les financiers le savent. Aucun n'ose le dire. Seule une faillite mondiale réussira à rétablir un semblant d'égalité entre les peuples.

Cette redistribution des richesses permettra de vaincre la faim et le sous-développement. Nous devons nous préparer à en passer par là.

Dans la perspective de ce krach qui s'annonce, des consultants viennent tous les jours me poser la question : « Comment survivre? Comment sauver le peu que j'ai réussi à épargner? Où investir? Que faire des avoirs petits ou grands? Faut-il choisir l'or? » Je réponds oui à cette dernière question. L'or est une valeur sûre, à court terme, le temps que soit mis en place un nouveau système monétaire international. Faut-il se rabattre sur les monnaies? Là, je réponds encore oui, mais attention choisissez le yen, par exemple, consolidé par la réussite du Japon qui a su créer une technologie de pointe et augmenter considérablement son niveau de vie. Je dis oui aussi pour le franc suisse et le florin néerlandais, en raison de la neutralité que sauront préserver ces deux pays lors de la prochaine guerre mondiale. Rares sont les pays qui parviendront à éviter les sursauts de ce troisième conflit qui aura lieu comme je l'ai prédit, même si, aidé de comités de la paix, je poursuis ce combat désespéré. J'ai pris mon bâton de pèlerin et parcours le monde pour prévenir la guerre. Oui au franc luxembourgeois, car le Luxembourg sera, lui, neutre dans le conflit. Il abandonnera la parité de sa monnaie avec le franc belge, provoquant des remous monétaires entre les deux pays. La Belgique ne cessera de dévaluer alors que le Luxembourg continuera à renforcer sa monnaie et demandera la séparation sur le plan de la parité monétaire. Séparation qui triplera la valeur du franc luxembourgeois. Que faut-il penser du dollar? J'invite à rester prudent. C'est une monnaie politisée qui connaîtra des fluctuations violentes avec laquelle on pourra tout autant s'enrichir que faire faillite. Quant au deutsche Mark, ce sera une monnaie très périlleuse. Grands seront les risques de conflit en Allemagne, surtout après la première explosion du mur de Berlin qui marquera le début de la troisième guerre mondiale.

Des vagues d'attentats terroristes déferleront sur la France, l'Italie, la Grande-Bretagne, la Belgique francophone, l'Espagne, la Grèce, etc. Il n'y aura aucun pays d'épargné par le raz de marée terroriste. Les monnaies subiront le contrecoup du premier grand choc révolutionnaire, surtout celle de l'Allemagne de l'Ouest qui, la première, sera touchée par le terrorisme. Le franc français résistera mais ne pourra éviter l'effet de boomerang du désarroi monétaire. Toutes les bourses seront fermées sur les places financières du monde. Toutefois, le franc restera suffisamment solide pour pouvoir être conservé sans trop de risques.

Quant aux obligations de l'État français, aux actions liées à l'industrie, à la technologie de pointe, à l'informatique, là aussi, j'approuve le choix de ces valeurs refuge.

La terre, investissement traditionnel, devrait rester un placement sûr, surtout la terre à bâtir. Mieux vaudra examiner la situation des terrains proposés, car certaines régions de la France connaîtront de fortes plus-values tandis que d'autres baisseront. Ce raisonnement s'applique à de nombreux secteurs. Il est évident qu'en Alsace, surtout dans la zone de Strasbourg, le prix des terrains souffrira des risques de guerre en Allemagne et restera plutôt bas, alors que la région parisienne, l'Aquitaine, les Pyrénées, le Midi seront des régions préservées où les prix de la terre augmenteront. Qu'en sera-t-il de l'immobilier? Ce placement-là restera sûr quoique soumis aux risques que je viens d'évoquer. Mieux vaudra aussi

choisir sa région. Il n'y a pas en France de volcans
en activité. On peut donc construire sans danger. La
construction restera un bon investissement.

En revanche, il faut éviter d'acheter des forêts.
Aux risques d'incendie s'ajouteront des lois nouvelles qui interdiront de les négocier.

Je dis toujours oui aux œuvres d'art, aux tableaux.
La peinture ancienne et nouvelle constituera un bon
placement, meilleur si l'acquéreur a du flair, s'il
peut discerner les chances de réussite du peintre, ce
à quoi un voyant peut l'aider. Le marché de l'art
restera vivace. On négociera facilement antiquités et
objets de collection, malgré les impôts dont ce
commerce sera frappé.

Mieux vaut préférer l'achat de pièces d'or à celui
de lingots et quant aux pierres précieuses et aux
bijoux, il faut les choisir dans le haut de gamme et
signés.

Vient la question des actions. Je suis d'autant plus
à l'aise et plus libre d'esprit pour conseiller mes
consultants que je n'ai jamais utilisé mon don de
voyance pour moi-même, jamais placé d'argent ni en
or ni en bijoux ni en actions ou en obligations. Il ne
se passe pas de jour sans qu'on ne me pose la
question. Il est bon qu'avant le krach monétaire
j'aide ceux qui possèdent un peu d'argent à se
prémunir afin qu'ils puissent faire face plus tard et
survivre financièrement.

Les actions réagiront à la catastrophe. Certaines
monteront très haut, d'autres réussiront tout juste à
échapper au pire. Une question vient aux lèvres des
Français qui m'interrogent, c'est la suivante : « Que
se passera-t-il en France? Quel sera le sort des
valeurs françaises? »

Il y aura effectivement en France des actions qui
progresseront. Je pense à Saint-Gobain, à Elf-Aqui-

taine, plus encore à Elf-Gabon. Les produits de luxe qui sont l'apanage de la France, les champagnes de haute qualité, les grands crus, les alcools français, connaîtront des hausses fulgurantes. Les guerres n'ont jamais empêché ni ralenti le commerce des produits de luxe. Ils changent de destinataire, simplement.

Ce n'est pas tout. La Société lyonnaise des Eaux, la Compagnie générale des Eaux, l'Aérospatiale, les usines Marcel Dassault, ce qui touche à l'aviation et à l'armement montera. Un conflit entraîne nécessairement intensification et recherche dans les industries d'armement. Ce n'est guère moral mais c'est indubitable. Je suis très affirmatif pour les industries pharmaceutiques françaises, comme pour ce qui est lié à l'informatique et à l'électronique, des sociétés comme Thomson-CSF qui travaillent sur les satellites et les télécommunications, à la société Essilor International.

Lors du krach monétaire, certaines valeurs bancaires, le CCF, le CIC, garderont leur poids, mais toutes les banques ne pourront pas assurer la sécurité que nous connaissons. La BNP et le Crédit Lyonnais, la Société Générale et le Crédit Agricole, ces grandes banques seront égratignées mais demeureront assez fortes pour ne pas faire de tort à leurs déposants.

La France réussira à maintenir nombre de ses valeurs et certains pays étrangers connaîtront la même chance. Je pense au Japon, aux actions émises par les sociétés nippones fondées sur l'informatique, l'électronique, les télécommunications mais aussi aux fabricants d'automobiles et de motos. L'industrie japonaise survivra. L'Amérique du Nord sauvera certaines grandes sociétés. Je citerai Boeing, ITT, Texas Instruments, TWA, TRW, Honey-

well, aux États-Unis et au Canada la société Bombar-
dier, les sociétés minières, surtout celles qui exploi-
tent les gisements pétrolifères et aurifères. Les
mines d'or d'Afrique du Sud seront vite fermées par
la révolution qui couve dans ce pays et qui va
éclater.

En Suisse, l'industrie chimique et pharmaceutique
réglera ses problèmes de pollution et restera en
place. Elle offrira aux investisseurs l'occasion de
placements fructueux.

En Hollande, je conseille Philips, Unilever, ainsi
que la société Robeco. En Grande-Bretagne, les
industries du pétrole remonteront. Le prix du
pétrole redeviendra normal. Il n'atteindra plus
jamais des cours élevés mais restera suffisamment
raisonnable pour assurer l'équilibre sur le marché
international entre acheteurs et vendeurs. J'ai toujours prédit qu'il y aurait du pétrole à tous les prix.
C'est vrai, mais ce ne sera pas parce que l'OPEP
parviendra à se mettre d'accord. Elle cessera d'exis-
ter et sera remplacée par une autre commission
internationale qui résoudra moins mal les problèmes pétroliers internationaux, ce qui permettra aux
sociétés pétrolières de faire de solides profits. La
Grande-Bretagne découvrira d'autres gisements,
créera d'autres forages offshore et tournera son
activité économique vers la recherche des fonds
pétrolifères sous-marins.

En Italie, certains feront fortune en se fiant aux
actions du groupe Fiat qui se développera en éten-
dant ses activités à d'autres secteurs. Le monde se
transformera et les gens doués d'intuition réussiront
à faire des placements intéressants même au cœur
de la crise monétaire. Les fortunes changeront de
mains au cours des convulsions et des soubresauts
qui agiteront le monde en le transformant.

L'effondrement monétaire et le troisième conflit mondial entraîneront la pénurie de denrées comestibles et par voie de conséquence la hausse des cours internationaux, en particulier celui du cours des céréales. Les stocks constitués par les nations occidentales ne suffiront plus à répondre aux besoins d'un monde bouleversé. Dans les années à venir, je vois que, contrairement à ce que nous connaissons aujourd'hui, les céréales se vendront très cher. Les agriculteurs voudront en produire davantage en raison de la hausse des prix. Les produits laitiers connaîtront le même sort. Des pays producteurs, comme l'Union soviétique, le Brésil et l'Argentine, seront touchés aussi bien par les cataclysmes naturels et les maladies du bétail que par les problèmes monétaires. L'Europe, les États-Unis et le Canada n'auront pas à souffrir des fléaux naturels. Ils resteront producteurs et largement exportateurs. Le café manquera. Il y aura au contraire abondance de thé et de sucre ainsi que des matières grasses de consommation courante, huile, margarine et beurre.

Le krach monétaire et le chaos qui s'ensuivra représenteront plus un réajustement des valeurs qu'un bouleversement tel que l'a connu Wall Street en 1929.

# 9

## Compétition et destin
## des entreprises

La compétition joue autant pour l'artisan, pour le chef d'une entreprise indépendante que pour le président-directeur général d'une société appartenant à un groupe international ou à une holding. Si le petit patron doit faire mieux que son concurrent, il en va de même pour le P-DG d'une société qui fait partie d'un groupe. Si les sociétés qui composent ce groupe sont indirectement concurrentielles par le simple fait qu'elles travaillent le marché dans des secteurs identiques, l'acrobatie pour être le premier relève de l'exploit. Le destin parallèle qui conduit à la réussite l'une plutôt que l'autre dépend de l'originalité de ses produits mais aussi de la qualité et de l'efficacité de la direction. Être présent partout à la fois est le rôle du dirigeant de cette société car les challengers qui composent son entourage et qui ont envie de prendre sa place ne manquent pas.

Ceux qui, au sommet, prétendent que chacun est solidaire de tous et tous solidaires du groupe sont prêts à profiter du moindre échec pour occuper le bureau du président. Un président qui entend voir prospérer sa société et la mettre à l'abri des requins de l'extérieur et de l'intérieur doit être continuellement sur la brèche. Il doit savoir renouveler à temps les articles qui se démodent, saisir par intuition le moment de modifier son style de « manager », celui de créer de nouveaux produits afin de répondre à l'attente du public ou encore le moment propice pour susciter chez les consommateurs de nouveaux besoins. Il lui faut, aidé par les études de marché et d'opinion, prévoir le produit que le consommateur désirera dans un an ou deux.

C'est possible. Le voyant est aussi un conseiller parce qu'il est à même de voir et de savoir ce qui a des chances de plaire demain et de connaître le succès. Cette prévision est d'autant plus importante que les investissements pour créer une nouvelle production sont extrêmement lourds. L'industriel qui ne peut anticiper sur le futur ne connaîtra jamais la réussite. Il faut qu'il discerne ce qui aura lieu dans deux, cinq ou dix ans sous peine d'être dépassé par ses compétiteurs et de dépenser des sommes énormes dans des investissements inutiles. Ceci est un autre exemple du destin parallèle, qui nécessite pour un chef d'entreprise de s'entourer du maximum d'avis, surtout de ceux qui ne reposent pas seulement leurs calculs sur des chiffres ou des tendances sociales, des futurologues, des économistes, des sociologues de la prévision mais aussi des gens qui ont le don de double vue. Il ne faut plus avoir peur de vendre des produits dits à la mode même si ce n'est que pour quelques années. Les investissements qu'ils nécessitent sont couverts par les ventes. Ce genre de risques limités est payant. A l'inverse, de grands projets, entrepris soit parce qu'ils relevaient de la décision paranoïaque d'un seul homme, de son orgueil, soit parce qu'ils étaient le fruit d'une idéologie utopique, ont abouti à des échecs, tels les abattoirs de la Villette à Paris, les restaurants de la société Jacques Borel. Par exemple, Citroën a com-

mis une erreur en créant la SM Maserati, c'est-à-dire
en associant son entreprise à la firme Maserati. Le
public a boudé cette superbe voiture. La Régie
Renault a connu un énorme échec avec la R 14. De
même le Concorde voulu par le général de Gaulle,
avion qui prétend-on est aujourd'hui un peu rentable
sur l'unique ligne d'Air France qui dessert Paris-New
York. Concorde a coûté très cher et si les experts
établissaient un bilan général, celui-ci serait catastrophique. Il a fallu brader le paquebot *France*. C'est
prestigieux et les couleurs de la France ont flotté
dans le ciel et sur les mers. Le coq gaulois a poussé
des cocoricos. Ces coups d'éclat rétablissent-ils la
balance économique d'un pays?

Dans les affaires, le destin parallèle n'est pas
toujours positif. Il existe un destin parallèle négatif.
En Bourse telle société très florissante est
convoitée. Celle-ci, tout d'un coup, passe sous le
contrôle d'une autre société. Le public se demande
pourquoi le directeur a changé. Parce que les premiers propriétaires, et souvent le P-DG, ne parve-
naient plus à contrôler l'affaire. Ils détenaient moins
de 35 p. 100 des actions. Ils ont perdu l'entreprise
qu'ils ont parfois créée ou dont certains ont hérité.
On peut perdre son affaire par le bais des achats des
petits porteurs qui vendent leurs actions parce
qu'elles rapportent insuffisamment à leur gré ou
parce qu'on leur en fait miroiter un bon prix. Des
sociétés changent de main, sans même que le petit
actionnaire en soit averti. Quand il le sait, il est trop
tard. Le destin parallèle est à ce moment-là négatif.
Ce tour de passe-passe est légal surtout si, par le
biais d'une OPA (opération publique d'achat), un
prix intéressant pour les actionnaires éparpillés un

peu partout leur permet de vendre cher quelques actions dont ils se seraient débarrassés autrement. Une partie des actionnaires minoritaires ou un actionnaire principal minoritaire devient majoritaire et prend la direction de la société. Il peut s'agir d'une société familiale qui appartenait à des parents ayant beaucoup travaillé, qui se sont démenés toute leur vie pour rendre leur entreprise prospère et dont les descendants à la suite du décès du fondateur et du jeu des héritages perdent le contrôle. Les fils ou les neveux ne seront que de petits directeurs ou sous-directeurs et n'auront plus voix au chapitre. Autre cas de destin parallèle négatif. En France, où il existe de nombreuses entreprises moyennes familiales, il est nécessaire que leurs dirigeants soient vigilants.

Malgré une industrialisation qui favorise le monopole des groupes internationaux en de nombreux domaines, le destin parallèle reste ouvert à celui qui veut créer sa propre entreprise. Bien des créneaux délaissés par les monopoles peuvent être exploités par ceux qui ont des idées, de l'initiative et le sens commercial. Ces affaires à l'échelle humaine où les rapports sont plus chaleureux, les demandes particulières de la clientèle mieux satisfaites sont assurées d'un avenir brillant. Je vois renaître les « petits » métiers, ce terme n'étant en rien péjoratif. Ils connaîtront une ère de prospérité car ces petites et moyennes entreprises bien dirigées travailleront dans des secteurs de pointe. Ateliers offrant du sur mesure, bureaux d'ingénierie capables d'étudier des problèmes que les grands laboratoires refusent car ils leur semblent la quadrature du cercle, commerçants attirant par la souplesse et l'amabilité de leur service, tiendront la dragée haute aux trusts et aux grandes surfaces.

Le client aura envie de produits personnalisés, c'est aussi vrai du milliardaire que du consommateur de produits courants. Il y aura toujours des clients qui préféreront une Rolls, parce que tout y est tourné par la main de l'homme, que rien n'y est robotisé, à une voiture de série. Il y aura toujours aussi celui qui préférera un costume ou une chemise sur mesure au prêt-à-porter. Plus modestement, on ira chez le boulanger qui fait du pain au levain cuit au feu de bois. L'alimentation naturelle et biologique connaîtra de plus en plus de succès. Du sommet de la hiérarchie jusqu'à la base, une clientèle désirera des produits qu'elle ne trouve plus. Il faut que revivent ces métiers qui font qu'autrefois chacun était sûr de la qualité du produit qu'il achetait et qui établissaient un rapport humain entre commerçant et client. Exemple du destin parallèle : la reprise des anciennes façons d'être et de vivre va permettre à beaucoup de conquérir une situation et au consommateur de ne plus être un anonyme qui choisit des produits sur des rayons parce qu'ils ont été imposés à son inconscient à grand renfort d'une publicité extravagante.

Nombreux sont ceux qui n'ont pas conscience de leur possibilité de forger un nouveau destin. Bien des êtres dans le domaine artistique ne font pas carrière soit parce qu'ils ne sont pas conscients de leur talent, soit parce qu'ils manquent de courage, souvent aussi en raison de leur entourage qui étouffe leurs aspirations au nom du destin prétendument plus raisonnable. Il en va de même pour les métiers de création. Ils nécessitent de prendre des risques.

Certains parents poussent leurs enfants à devenir fonctionnaires afin qu'ils soient assurés d'un salaire et d'une retraite. Ces jeunes, garçons ou filles, avaient un destin parallèle qui leur aurait permis de devenir peintre, écrivain, musicien, chanteur, architecte, cinéaste, couturier... bref de s'épanouir dans un métier créatif. Beaucoup d'entre eux sont entrés dans des carrières qui ne relevaient pas de leur instinct profond. Ils exercent sans joie des métiers banals. Généralement ils se réveillent vers quarante ans. A cet âge, ils se révoltent contre tout ce qu'ils ont raté. Ils consultent alors le voyant pour se confirmer que des bifurcations sont encore possibles, qu'il est encore temps de rattraper leur vie en tentant de la placer dans une voie nouvelle. Ils peuvent découvrir l'opportunité d'un destin parallèle. Certains en ont conscience sans avoir recours à mes conseils. Avec une pointe d'indulgence leur entourage parle de vocation tardive. Il est prouvé que ces vocations sur le tard sont presque toujours couronnées de succès car il existe chez celui qui a décidé de changer de direction la conviction profonde du bien-fondé d'un nouveau destin. Le plus bel exemple que je puisse donner est celui de Gauguin qui, à trente-cinq ans, abandonna son emploi chez un agent de change pour se consacrer à la peinture. Cette vocation tardive nous a valu des chefs-d'œuvre.

Pour bien comprendre que la clairvoyance existe à l'état latent chez la plupart, je citerai une pensée d'Alexis Carrel : « Les clairvoyants saisissent sans l'intermédiaire des organes des sens la pensée d'une autre personne. Ils perçoivent aussi des événements plus ou moins éloignés dans l'espace et le temps. Cette faculté est exceptionnelle, elle ne se développe que chez un très petit nombre d'individus mais elle

existe à l'état rudimentaire chez beaucoup de gens. »
C'est peut-être grâce à cette faculté rudimentaire
que beaucoup parviennent à se guider, à choisir une
voie meilleure. Chacun est à un certain degré clairvoyant. A l'ère du Verseau, on le sera davantage et
dans la période transitoire que nous traversons nous
le sommes déjà un peu. Pas assez pour vivre à l'abri
des écueils, mais suffisamment pour y voir plus clair
dans la manière de se guider sans se décourager
devant l'échec. L'existence en ménage plusieurs. Un
échec signifie ceci : il nous faut ou nous lancer dans
une autre entreprise, ou bifurquer, rectifier notre
façon de vivre, de travailler, de nous conduire. Il
faut modifier notre comportement. L'échec ne correspond pas à une punition divine mais à un avertissement intérieur. Nous ne sommes pas tout à fait
dans la bonne voie, sur la bonne longueur d'onde au
plan professionnel, financier, artistique ou culturel.
Qu'il s'agisse des moindres événements de notre vie
quotidienne ou de notre vie émotionnelle et sentimentale.

Chacun peut transformer positivement un échec,
s'il veut laisser son orgueil de côté, ses croyances,
son esprit d'analyse car plus on analyse moins on est
clairvoyant. Plus on veut chercher le pourquoi et le
comment des choses, moins on y voit clair. L'analyse
est un raisonnement logique qui, par son enchaînement de déductions en conclusions, aboutit à effacer
toute perception. Le plus grand danger de la clairvoyance, c'est la logique. Le destin doit être conduit
par l'intuition, par la conviction profonde. La logique dit non. L'intuition dit oui. Dans 99 p. 100 des
cas, l'intuition a raison. Un homme peut très bien
changer brusquement de direction. Cette décision
paraîtra illogique à son entourage. Elle ne tient pas
devant un raisonnement rationnel. La suite prouve

qu'il avait raison. Il faut suivre son intuition. Tant pis si elle n'est pas en accord avec la logique. La logique absolue, méthode de pensée mécanique, est en général l'apanage de gens prétendus très intelligents car ils ont une instruction académique et font croire qu'ils ont beaucoup d'expérience. Le sixième sens leur manque. Ils n'ont aucune intuition. Dans sa rigueur, un esprit logique tue en lui la sensibilité intuitive. Il repousse les suggestions de son inconscient, ne s'en tient qu'à 2 et 2 font 4. Il a mis des œillères au cheval de son imagination. Si nous voulons nous guider par intuition, il faut faire taire toute logique en nous. Pour les partisans du raisonnement cartésien, il s'agit d'un sacrilège, ceux qui croient à la primauté de l'intelligence raisonnante sur les possibilités d'appréhension du réel par des moyens moins orthodoxes. C'est pourtant ainsi que nous vivrons dans l'ère du Verseau. A partir du siècle prochain, la logique disparaîtra peu à peu. Le rationalisme, aussi, au bénéfice du développement de nos facultés intuitives et sensorielles négligées jusque-là.

Le bonheur passe par l'épanouissement de dons qu'une rationalité omniprésente a atrophiés dans ces outils magiques que sont les cerveaux humains.

# 10

# Naufrage de l'honneur
# et du destin héréditaire

La disparition progressive du destin héréditaire et
collectif entraîne avec elle la disparition du sens de
l'honneur. Plutôt que d'affronter le déshonneur d'un
échec social ou professionnel, les hommes préféraient autrefois se suicider. C'est si vrai que lors de
la crise de 1929, les suicides d'hommes d'affaires
ruinés ne se comptaient plus. La tendance psycha-
nalytique moderne qui s'obstine à trouver aux suicides une cause pathologique fait peu de cas du sens
de l'honneur qui jouait un si grand rôle dans la vie
de nos grands-parents. Aujourd'hui encore, des hommes et des femmes décident de se suicider parce
qu'ils ont échoué à leurs yeux dans la création d'une
harmonie entre leur vie professionnelle et leur vie
intérieure. L'évolution de la conscience humaine ne
peut rien pour eux. Quand les êtres sont en proie à
une pulsion de mort irrationnelle, la cause est
évidemment psychologique. Ici la perspective d'un
destin parallèle pourrait tout changer. Encore faut-il
que ces malheureux, lors de l'épreuve, consentent à
aller trouver un voyant qui leur dira où se situe leur
destin parallèle et comment ils peuvent l'accomplir.
De nos jours, le déshonneur ne conduit plus au

suicide. Le joueur incapable de payer ses dettes de jeu ne se donne plus la mort d'une balle dans la tête. L'amour n'est plus guère un mobile de suicide. Les jeunes filles enceintes qui préféraient la mort à l'aveu de leur faute ont presque complètement disparu. Pour ces hommes et ces femmes victimes de ce qu'on aurait autrefois appelé le déshonneur, la mort n'est plus une fatalité. Un destin parallèle devient leur nouveau destin.

Le cas le plus significatif de l'abandon de la notion d'honneur au bénéfice d'un nouveau destin est celui du chef d'entreprise qui fait faillite. De nos jours la faillite et le dépôt de bilan ne sont plus pour les P-DG de sociétés qu'une solution légale à leurs déboires financiers. Ils refont tranquillement une situation ailleurs, oublient leurs créanciers, créent une nouvelle société parfois identique à la précédente et le passif de la première société n'est jamais absorbé.

Ce schéma a permis à bien des individus peu scrupuleux de faire fortune aux dépens de leurs créanciers. Ce n'est pas illégal. Ce n'est même pas considéré comme immoral, car il est net que le sens de l'honneur a disparu. Ce nouveau destin du chef d'entreprise crée un destin parallèle pour sa famille et pour les employés licenciés par la société en faillite et réembauchés dans la nouvelle affaire. Il n'est pas immoral de constater que dans ces cas la disparition du sens de l'honneur constitue plutôt une meilleure voie. Elle laisse la porte ouverte à de nouveaux destins. C'est si vrai que la société moderne a promulgué des lois qui suppriment le déshonneur au bénéfice du destin parallèle. Qu'un P-DG soit confronté à ce choix de destin et il ne lui reste qu'à bien choisir la nouvelle voie où exercer ses talents.

De nos jours, parce que se dessine le destin parallèle, on ne va plus chez le voyant pour connaître l'avenir mais plutôt pour savoir quel est le meilleur choix à l'intérieur de cet avenir. Mes consultants se sentent attirés par une lumière qui scintille pour eux dans le futur. Elle les appelle. A la limite, ils pourraient établir leur choix eux-mêmes mais, par mesure de sécurité, ils consultent le voyant. Ils ont raison, car son rôle est déterminant. Lui seul avant que l'ère du Verseau ne commence peut, grâce à son regard intérieur, éclairer les voies qui s'offrent et aider à choisir la meilleure. Sa clairvoyance détient la réponse. Elle libérera le consultant de ses hésitations, lui donnera la force de tendre son énergie dans une seule voie, vers une seule action. Quand un homme explore un nouveau destin, il faut qu'il soit déterminé à dépenser son énergie dans une direction unique, qu'il puisse rassembler ses forces pour parvenir au succès, et qu'il ne doute pas de l'issue future, de la réussite. Le retour en arrière est dangereux. Le doute ne peut être que négatif et engendrer l'échec. Il a enfin, grâce au voyant, la possibilité de ne plus hésiter entre deux ou trois solutions. Il a besoin que le voyant lui dise clairement que le chemin qui mène au succès est celui-ci et non un autre. Il oubliera les diverses possibilités où il aurait gaspillé son énergie. Il débarrassera son subconscient de l'idée qu'il aurait pu ou dû choisir autrement. Il aboutira à une concentration intense d'énergie vers le but qui le mènera au succès. Le doute quand on entreprend d'agir mine l'énergie, paralyse l'instinct de création, conduit à l'erreur. Si l'homme réussit à concentrer son être vers l'objectif qui lui aura été révélé, dont il est sûr, sa force entrera dans la bataille et il est certain de connaître le succès.

Ce nouvel esprit d'entreprise appartient au nouveau destin caractéristique de notre époque. Il ne faut pas croire que les lois qui régissent le monde des affaires soient les mêmes que celles qui s'appliquent à l'amour. Dans le monde de l'amour, l'amoureux a beau aimer éperdument une seule personne et concentrer sur l'objet de son désir l'ensemble de ses facultés mentales, s'il n'est pas aimé, il n'aboutira à rien. L'amour ne peut être suscité par la volonté. Dans le monde des affaires les règles sont différentes. En concentrant ses facultés vers un seul but, sans jamais s'en écarter, l'homme d'affaires est sûr de réussir sur son terrain. Cette manière de considérer son destin sera pour lui la meilleure façon de marcher vers le succès.

# 11

# Le chômage : destin ou fatalité

Tant que nous subirons le destin issu de l'inconscient collectif héréditaire, le chômage sera la rançon
que nous paierons à la fatalité qu'engendrent la
surproduction et le suréquipement mondiaux.
Bientôt le destin parallèle en décidera autrement.
Les peuples décimés par la famine se révolteront, la
guerre ravagera l'Europe de l'Ouest, le terrorisme
international s'étendra et déstabilisera les démocraties occidentales. Notre petit globe terrestre, bouleversé aussi bien par les cataclysmes naturels que par
les destructions causées par le « génie » de l'homme,
retrouvera vers la fin du siècle un nouvel équilibre.
Le chômage pourra alors être réglé non par chaque
nation mais au niveau planétaire par la concertation
de tous les États réunis. Bon gré mal gré, les
gouvernants se réuniront pour prendre enfin en
considération ce problème, lui chercher des solutions, en trouver et signer des accords qui rendront
efficace l'Organisation internationale du travail à
Genève. Cet organisme tourne aujourd'hui à vide. Il
n'a plus aucun rôle à jouer quant à la surveillance et
à la réglementation du travail. Chaque pays édicte
ses lois, chacun conçoit le droit du travail au mieux
des intérêts de ses ouvriers. C'est un rôle que ne

peut pas tenir une organisation internationale. Le seul qu'elle puisse jouer est une planification mondiale qui permettra de venir à bout du problème du chômage. Pour l'heure, s'il y a régression du chômage dans un pays il y a augmentation chez son voisin en raison du principe des vases communicants, car il existe une constante migration de la main-d'œuvre.

Les organismes internationaux vont connaître des destins parallèles. Au lieu de créer des lois sur le travail, l'Organisation internationale du travail créera des emplois. A l'inverse, dans certains cas, les lois qu'elle aura édictées sur le travail créeront des chômeurs. Quand la société connaît de profondes mutations, pourquoi les organisations internationales n'auraient-elles pas le courage de changer leurs orientations, comme les individus? L'ONU devra évoluer ou disparaître. Ce « machin », comme disait de Gaulle, a-t-il réussi à éviter une guerre? Ne s'est-il pas employé au contraire à les rendre légales?

En attendant que les organismes internationaux puissent jouer leur rôle coordinateur à travers la planète, chaque pays a le devoir de mettre en place les structures économiques, technologiques et financières pour la relance de l'emploi. Il faut commencer par assurer l'emploi à l'intérieur des secteurs délaissés auxquels on ne pense pas assez et qui ont besoin de main-d'œuvre.

Prenons, en France, le cas des forêts méditerranéennes qui flambent tous les ans. Il est inconcevable, alors que le chômage croît, qu'on ne puisse entretenir les forêts, les débroussailler, créer des coupe-feu, abattre les arbres morts, replanter, bref prendre soin d'un secteur qui constitue un capital et surtout un important facteur écologique. Quand les incendies font rage, on s'aperçoit trop tard que les

pompiers ne sont pas assez nombreux, que le territoire n'est pas surveillé pour éviter le cataclysme.
Les débuts d'incendie seraient décelés immédiatement, s'il existait des centres de surveillance appro-
priés et efficaces. Ce qui a été possible pour les
Landes après les terribles incendies des années 50
doit l'être aussi pour le littoral méditerranéen. Certes, les Landes sont une région plate. La forêt y est
artificielle. Elles sont plus faciles à protéger, à
surveiller, mais la technique a fait des progrès en
près de quarante ans. Des mesures d'urgence s'im-
posent qui ne doivent pas se limiter à une hausse de
deux centimes sur les boîtes d'allumettes. L'argent
ira-t-il à la protection des forêts ? Je trouve inconcevable que seule la société Canadair soit à même de
fabriquer des avions capables de lutter contre les
incendies. Elle ne peut à elle seule fournir les
besoins du monde entier. Pourquoi la France, qui se
range parmi les grands fabricants mondiaux d'aéro-
nautique, ne songe-t-elle pas à développer ce type
d'industrie ?

Beaucoup de pays manquent d'hôpitaux. Voilà qui
créerait du travail et absorberait de la main-d'œuvre.
Dans la plupart des pays démocratiques, la police
n'est pas assez nombreuse pour faire face à ses
devoirs. Les télécommunications manquent de cerveaux. Pensons aux personnes âgées. Elles sont aussi
consommatrices. Pourtant elles sont oubliées. Il y
aurait tant de structures à mettre en place qui
changeraient leur vie. Voilà qui créerait des
emplois. La plupart des nations manquent de crè-
ches, d'écoles, d'universités. Voilà encore une
source de création d'emplois.

Sans parler des prisons, trop petites, pas assez
nombreuses, totalement vétustes. Au point qu'on ne
sait si au XX$^e$ siècle on peut encore leur donner le

nom de prison ou celui de pourrissoir. Moderniser celles qui existent, en construire de nouvelles donnerait du travail à toute une partie de la population. Faut-il parce qu'un homme ou une femme a commis une faute grave ou légère contre les lois de la société le condamner à vivre dans des conditions sordides? La prison est destinée à priver de liberté, à empêcher le renouvellement d'actes dangereux pour le corps social, non à torturer des détenus en les faisant vivre dans d'infâmes cellules. C'est monstrueux et déconsidère la société. La privation de liberté constitue une punition suffisamment dissuasive pour ne pas y ajouter des conditions de vie intolérables.

Tant de choses pourraient être accomplies. Les nouvelles industries de pointe, l'électronique et l'informatique offriront bientôt de nouveaux débouchés qui resteront insuffisamment exploités si le problème n'est pas résolu sur le plan mondial.

Ce n'est pas parce que la conjoncture est mauvaise que le chômage représente une fatalité pour l'individu. Il lui faut être positif, rassembler les flux d'énergie vitale afin d'être le meilleur dans la course à l'emploi, face à la concurrence. Il faut savoir provoquer la chance, l'attirer sur soi. Il est évident qu'un employeur potentiel préférera engager un battant, vibrant d'énergie, plein d'imagination et d'esprit d'entreprise, plutôt qu'un dépressif qui se présente la mine basse et les épaules affaissées, ayant l'allure d'un perdant, ce que les Américains appellent un *looser*. Il existe un engrenage de l'échec, de la malchance et du malheur. L'homme qui y introduit le petit doigt risque d'y passer tout entier, d'attirer sur lui les coups du sort, de perdre le sens

des réalités, de ses responsabilités et du raisonnable..

Napoléon un jour dit à un jeune capitaine :

« Demain matin c'est vous qui commanderez le
flanc droit de l'armée. L'issue de la bataille dépend
de vous. »

L'officier rougit, salua l'Empereur et eut cette
réflexion spontanée :

« Ah! Sire! merci! Je n'ai jamais eu de chance!
Merci de me la donner.

– Comment, vous n'avez jamais eu de chance?
Oubliez ce que je vous ai dit. Si vous n'avez pas de
chance, je donnerai le commandement à un
autre! »


Il faut savoir que le cycle de la vie traverse des
périodes fastes et d'autres qui le sont moins. C'est
une loi astrologique. C'est donc normal. Il suffit de
reconnaître les mauvaises périodes et d'en tirer
profit. La tendance à laquelle cèdent trop souvent
ceux qui sont dans une mauvaise passe est de
dépenser plus que de raison, tant et si bien que les
recettes n'arrivent plus à équilibrer le budget. Ce
type d'attitude (« Après moi, le déluge! ») empêche
celui qui s'y abandonne de retrouver l'harmonie ou
de créer les circonstances qui lui permettraient de
repartir vers un nouveau destin. Ce comportement
ruine les familles, mine les relations entre ceux qui
travaillent et le perdant qui se sent rejeté, souffre,
épie avec suspicion les regards de son entourage, se
sent humilié, vaincu, et finit par créer son propre
malheur.

Il ne faut pas perdre confiance. J'ai vu des cas où
l'épouse travaillant alors que son mari était au
chômage a pu lui trouver un nouveau métier, lui

ouvrir une porte inattendue parce qu'elle était animée de l'énergie née du travail, des responsabilités, des contacts humains, des relations et des idées que procure une vie active. La chance attire la chance. C'est aussi vrai en amour. C'est au moment où mes consultants sont amoureux qu'ils rencontrent d'autres personnes et les attirent presque magnétiquement parce qu'au fond d'eux-mêmes ils irradient de bonheur et de joie de vivre. Cette force, cette énergie, tous la ressentent, que ce soit un employeur potentiel ou un mendiant d'amour.

Il faut que l'homme ou la femme qui traverse une mauvaise passe en prenne conscience. Ainsi sera-t-il capable de modifier son état intérieur. Il peut se transformer, retrouver l'énergie et la vitalité, qui susciteront l'intérêt des autres face à lui. Les problèmes provoqués par la solitude et le manque d'activité peuvent toujours être résolus. Encore faut-il le vouloir. La volonté permet de changer le destin. Je le répète à ceux qui m'interrogent : « Soyez heureux ou du moins essayez de montrer que vous l'êtes. » Mieux vaut tenter d'oublier son malheur ou le cacher, continuer à vivre avec le temps qui passe, rejeter dans l'ombre les peines, les chagrins, les contrariétés, les inquiétudes et les angoisses, rester positif dans la façon de vivre comme dans le regard qu'on jette sur sa vie. Le malheur ne dure pas éternellement. La roue tourne, que ce soit en amour ou en affaires. Il ne faut jamais dramatiser les mauvais moments. Il existe une solution à tous les problèmes. En maîtrisant son pessimisme, en interdisant aux angoisses de l'âme d'assombrir la vie, en prenant conscience de la relativité de malheurs qui semblaient insurmontables et qui peuvent être résolus s'ils sont abordés de façon positive, l'homme vivra son destin et traversera plus facilement

les phases pénibles que réserve toujours l'existence.


Tout n'est qu'un éternel recommencement. Les
saisons succèdent aux saisons. La naissance à la
mort. Toute chose vit et meurt en son temps. Il n'est
que d'observer la nature, les plantes autour de soi, la
forêt qui verdit au printemps et se dépouille en
hiver, pour savoir que tout se renouvelle. Il faut faire
preuve de philosophie et partir gagnant dans la
course pour la vie, afin d'en surmonter les obstacles.
Rappelez-vous les paroles de l'Ancien Testament :

> L'homme! Ses jours sont comme l'herbe,
> Il fleurit comme la fleur des champs.
> Lorsqu'un vent passe sur elle, elle n'est plus
> Et le lieu qu'elle occupait ne la reconnaît
> plus...

Mais souvenez-vous de cette pensée de Graham
Greene : « Nous sommes tous résignés à la mort.
C'est à la vie que nous n'arrivons pas à nous
résigner! »
Il faut se résigner à vivre en y apportant sa foi, son
courage, car la vie pour courte et dure qu'elle soit
vaut la peine d'être vécue.

# 12

# Les pays du destin parallèle

Il en est des pays et des continents comme des individus. Ils changent de destin avec les bouleversements de l'histoire, les migrations provoquées par les guerres. En cette fin du XXᵉ siècle, la planète déstabilisée par le terrorisme international, le monde en proie au chaos sera le théâtre où se jouera comme je l'ai prédit le troisième conflit mondial.

Toutes les nations seront plus ou moins touchées par les combats, par le terrorisme ou par l'insidieuse déstabilisation organisée par ceux que j'ai appelés les « manipulateurs du destin ». Les cataclysmes naturels s'ajouteront aux catastrophes provoquées par l'homme lui-même. Selon les continents, selon les pays même, la gravité des situations différera.

Continent par continent, je me suis attaché à percevoir à l'avance les conséquences diverses du conflit selon les pays. Ce sont ces flashes de voyance que je livre ici.

## L'EUROPE

C'est en Europe que débutera la troisième guerre mondiale. C'est là qu'aura lieu la déstabilisation provoquée par le terrorisme international.

### La RFA

La pression venant de l'Est, c'est-à-dire de l'Union soviétique, de ses alliés et satellites communistes et du Proche-Orient, la République fédérale d'Allemagne subira la première onde de choc. C'est à Berlin que débutera pour les Européens le troisième conflit et l'Allemagne de l'Ouest en sera la première victime. Après avoir été neutre dans un premier temps, la RFA connaîtra une forme d'occupation larvaire.

### L'Autriche

Elle ne sera pas épargnée, surtout dans sa moitié orientale. Vienne, occupée par les troupes soviétiques, deviendra une ville trouble et interlope, plaque tournante de la subversion. La cité des valses, celle du Beau Danube, conservera son apparence aimable mais, dans l'ombre, les belligérants s'affronteront par agents secrets interposés.

### La Yougoslavie

Elle sera vassalisée par l'URSS sauf sans doute dans sa partie croate.

### L'Italie

Le Nord de l'Italie, la côte adriatique à partir de Pescara seront envahis avant la ville de Rome. Le pape devra s'exiler à New York. Je l'ai toujours annoncé.

### La Grèce

Avant même que n'éclate le conflit, la Grèce sera touchée par la déstabilisation qui minera les structures de l'État et en fera une victime désignée au début des combats.

*La Finlande*

Géographiquement, la Finlande est si proche de l'Union soviétique que l'invasion aura lieu presque immédiatement mais sans violence, sans résistance.

*La Belgique*

La Wallonie francophone basculera dans le marxisme avant l'attentat de Berlin qui déclenchera les hostilités. La Wallonie va se séparer de la Belgique flamande pour former un État indépendant. Les Québécois ont voulu en leur temps fonder un État indépendant mais ils ont compris que cette séparation d'avec le Canada serait dangereuse pour l'unité de l'Amérique du Nord et ils ont renoncé à leur projet d'indépendance. Les Wallons, eux, s'y refuseront et leur attitude mettra l'Europe de l'Ouest en danger.

*Les pays du Pacte de Varsovie*

Les réactions à l'intérieur de la zone d'influence soviétique seront incohérentes. Certains satellites refuseront l'avance soviétique à commencer par la Pologne qui, en dépit d'une résistance sans espoir, sera envahie par les chars. D'autres se soumettront et laisseront les tanks soviétiques avancer vers le Rhin. Dans cette Europe en fièvre, seule l'Albanie perdra son identité. Elle sera rayée de la carte, changera de nom ou sera annexée. Confrontées au chaos et à la guerre, les populations émigreront en masse. Fuyant les bombardements, les incendies, les arrestations, la famine, ces réfugiés chercheront à s'installer dans les pays épargnés par le conflit. Ils iront vers la France qui servira de terre d'asile aux peuples chassés d'Europe centrale.

### La France

Elle sera épargnée par le conflit, ou du moins épargnée par la guerre, mais elle connaîtra une déstabilisation politique et idéologique croissante. Paris sera en crise. Des gouvernements insurrectionnels prendront le pouvoir, mais pour peu de temps. Strasbourg aura à faire face aux mouvements de chars, la ville sera dans une situation dangereuse. Dans son ensemble, la France sera épargnée. Elle aura cependant à subvenir aux besoins de centaines de milliers de réfugiés fuyant les armées de l'Est.

### Les pays scandinaves

Les Danois réussiront à rester en dehors du conflit. Leur territoire restera libre et constituera un lieu privilégié pour ceux que la guerre jettera sur les routes d'Europe.

La Suède conservera sa neutralité comme la Norvège, à l'exception de la région nord, celle des glaciers, où auront lieu quelques mouvements de troupes.

### Les Pays-Bas

Paradis fiscal et financier, les Pays-Bas seront le grand refuge de l'Europe financière. Totalement à l'abri, la Hollande pourrait même s'enrichir non grâce à la guerre mais par le fait de sa situation géographique et économique particulière.

### Le Luxembourg

Ce petit pays restera neutre pendant la durée du conflit, mais ne pourra constituer une terre d'accueil en raison de sa superficie trop exiguë.

### La confédération helvétique

La Suisse ne connaîtra pas l'invasion étrangère. Elle conservera son statut de neutralité, à l'exception de la ville de Genève qui sera secouée par une sorte de révolution interne. La révolution à Genève aboutira à donner à cette ville un statut particulier qui lui conférera une sorte d'indépendance en dehors de la Confédération. A part ce point exceptionnel, la Suisse restera un pays sûr, surtout sur le plan monétaire. Des mouvements de capitaux se feront sans cesse de la Suisse vers le Luxembourg, du Luxembourg vers la Hollande, de la Hollande vers les États-Unis, pour revenir vers la Suisse.

### La Grande-Bretagne

Elle participera au conflit aux côtés des États-Unis et des pays libres mais elle ne sera pas envahie. Comme ce fut le cas au cours de la Seconde Guerre mondiale, elle restera le dernier bastion européen consacré à la défense des libertés.

### L'Espagne

Confrontée à une révolution interne qui donnera aux provinces leur autonomie et fera de l'Espagne une confédération, celle-ci restera à l'abri des invasions extérieures.

### Le Portugal

Les habitants connaîtront une douceur de vivre oubliée par ceux du reste de l'Europe. D'autant plus que le niveau de vie portugais sera parmi les plus élevés du monde. Tant que durera le conflit, le Portugal sera à même de commercialiser la plupart des produits européens et s'enrichira de façon considérable. Les nantis européens, attirés par la douceur du climat et par la stabilité économique et politique du pays, investiront au Portugal, surtout dans la région méridionale qui connaîtra un essor sans précédent.

### L'Irlande
Elle sera réunifiée, mettra fin au conflit entre catholiques et protestants et sera enfin un pays de paix.

### L'Islande
Ce petit territoire oublié aujourd'hui, si proche du continent nord-américain, sera lui aussi un havre de liberté.

### Monaco
Paradis fiscal ou paradis tout court, le Monaco que nous connaissons restera un lieu idéal, protégé par une frontière qui interdira à ceux qui ne résident pas dans la principauté de bénéficier de son régime particulier.

### Le Liechtenstein
Ce sera toujours une principauté indépendante, alliée à la Suisse et, comme Monaco, un paradis fiscal.

### La République de Saint-Marin
Elle ne pourra éviter de connaître le contrecoup des secousses qui agiteront l'Italie et perdra le statut privilégié qui la met à l'abri des incursions du fisc.

### Les îles anglo-normandes (Jersey et Guernesey)
A la suite d'un traité international, elles perdront tout attrait financier à l'avenir.

*La côte méditerranéenne*

Il fera toujours aussi bon vivre sur la Côte d'Azur. En revanche, la Corse ne sera pas plus sûre que ne le seront la Sicile et la Sardaigne. Les mouvements de navires en Méditerranée assombriront le destin des Baléares espagnoles.

## L'URSS

Après avoir été à l'origine du conflit, après s'être aventurée sur des territoires étrangers, l'URSS devra retourner à ses propres frontières car elle perdra la guerre après environ cinq années de conflit. L'URSS disparaîtra pour redevenir l'ancienne Russie telle que l'ont connue nos arrière-grands-parents. C'est à ce prix qu'elle retrouvera la paix. Le peuple soviétique aura à partir de ce moment-là un pouvoir d'achat dépassant de loin son niveau actuel.

Après 1997, un nouveau destin s'offrira à la Russie et à son peuple. Le marxisme aura disparu, balayé par la guerre, et sera remplacé par un nouveau système économique différent du capitalisme que nous connaissons, qui se sera lui aussi écroulé.

Le nouveau destin des peuples les amènera à créer un nouveau système social, seul capable de sauver l'économie mondiale.

Ce conflit de cinq années, cette troisième guerre mondiale, loin d'amener la fin du monde, verra la fin d'un monde, celui que nous connaissons. Une autre manière de vivre s'installera après 1997. Le marxisme-léninisme disparu, le capitalisme aboli, le monde sera reconstruit sur la base des nouvelles valeurs, propres à la génération du Verseau. Elles lui permettront de survivre et de se réadapter. L'erreur que commettent tous les futurologues et les écono-

mistes qui décrivent ce que sera l'an 2000 est
d'oublier ou de ne pas voir les mutations de structure, de mentalités et de système économique que
provoquera ce troisième conflit. Cette immense
secousse qui ne sera pas nucléaire verra la déstabilisation et la restructuration des puissances occidentales et de l'URSS qui l'aura provoquée. Bouleversement radical du destin de certains pays. Les uns
perdront leur liberté. C'est le cas de la Belgique.
D'autres la recouvreront, telle la Hongrie
aujourd'hui sous domination soviétique qui deviendra une république indépendante d'économie capitaliste. Au moment de la guerre, l'attitude des Hon-
grois et les décisions de leur gouvernement consti-
tueront une exception en Europe et un exemple
surprenant.

## L'AMÉRIQUE DU NORD

### Saint-Pierre-et-Miquelon

Certains Français désireux de devenir un jour
citoyens canadiens iront vivre dans les îles de Saint-
Pierre-et-Miquelon aujourd'hui département français mais demain terre canadienne car elles seront
achetées par le gouvernement canadien. Le climat y
est rude, et le froid intense, mais mieux vaut garder
sa liberté dans un pays au climat difficile que d'être
prisonnier d'une dictature tropicale.

### Le Canada

Ce sera le seul pays au monde à connaître la paix
absolue. Il deviendra une terre d'asile et de refuge
où se développera la vie culturelle, artistique et
économique de l'ensemble de la planète. Venus de
tous les points du globe, mais surtout d'Europe, de

nouveaux citoyens s'installeront et aideront au développement fulgurant qui amènera le Canada à faire concurrence aux États-Unis pour la première place sur la scène mondiale. Terre de paix par excellence, le Canada offrira des garanties de sécurité inconnues au reste de l'univers.

### Les États-Unis

Leur territoire sera épargné, la guerre s'arrêtera à leurs frontières, mais ils participeront au conflit dans le reste du monde. C'est grâce à leur aide que les démocraties ne seront pas toutes envahies. Seule la Floride du Sud sera menacée par une tentative d'invasion cubaine. Il suffira de quelques jours aux Américains pour rejeter l'ennemi à la mer mais cela ne les empêchera pas de connaître la peur.

### Le Mexique

Ce pays ne participera pas à la guerre mais il sera secoué par des révolutions sanglantes qui amèneront divers changements de régime avant de parvenir à une solution démocratique. Par ailleurs, et cela je l'ai toujours prédit, le pays sera ravagé par les tremblements de terre. Mexico sera détruite car elle est sur la ligne de faille du sillon californien. Toute la côte pacifique vivra des heures terribles. Les hommes y disparaîtront par millions. Mieux vaut éviter d'aller s'installer au Mexique ou en Californie pour fuir la guerre, car cette région du monde, bien qu'à l'abri du conflit international, aura à souffrir du déchaînement des forces naturelles.

## Les américains et l'Europe

Le territoire américain ne sera pas touché mais en revanche les intérêts américains resteront la cible favorite du terrorisme international, en particulier à Berlin. En République fédérale d'Allemagne comme à Berlin-Ouest, les attentats pousseront les États-Unis à se désintéresser de leurs intérêts en Europe et à se replier sur eux-mêmes en abandonnant le vieux continent à son destin. Ils reviendront pour répondre aux appels au secours de leurs cousins européens.

## L'Amérique centrale

Quand l'Amérique centrale entrera en guerre, les États-Unis en seront la cause car ils tenteront par tous les moyens de renverser les régimes marxistes déjà en place ou ceux qui essaieront de s'y installer. Les États-Unis ne renonceront jamais à leur influence sur cette région du monde, même s'ils doivent pour s'y maintenir employer leur puissance militaire. Celle-ci sera plutôt engagée dans une guérilla que dans des combats traditionnels, à la différence de ce qui se passera en Europe au même moment. Embuscades, coups de mains, attentats séviront longtemps au Nicaragua, s'étendront au Honduras et au Salvador, éclateront subitement à la Jamaïque.

La mort de Fidel Castro sera suivie de troubles importants à Cuba. L'île de Cuba, tôt ou tard, rentrera dans le giron des États-Unis en abandonnant l'idéologie marxiste.

Le Guatemala, qui n'est pas un pays à hauts risques, traversera une période très instable.

Je vois pourtant des îlots de paix à l'intérieur de cette zone menacée.

La petite république de Belize (ex-Honduras britannique) sera épargnée et deviendra un paradis fiscal comparable à la suisse.

La république de Panama restera libre et indépendante après avoir essuyé quelques orages politiques sans gravité.

Le Costa Rica, aujourd'hui la Suisse de l'Amérique centrale, aura à repousser la guérilla sur sa frontière nord mais restera paisible et prospère.

Haïti connaîtra les soubresauts inhérents à l'apprentissage de la démocratie mais finira par devenir un pays où il fera bon vivre, comme sa voisine, la République dominicaine. L'île de Porto-Rico restera américaine malgré plusieurs tentatives de révolution de palais. Elle réussira à maintenir la paix intérieure.

*Les Antilles*

Lors du dernier conflit mondial, tout le monde voulait se réfugier dans les îles françaises, Guadeloupe et Martinique. Ce serait une erreur de faire le même calcul en ce qui concerne la Martinique et la Guadeloupe qui seront agitées de troubles incessants. En revanche les îles de Saint-Martin et Saint-Barthélemy seront de véritables havres de paix.

*Les Caraïbes*

Belles et tentantes, elles accueilleront les Européens à la recherche d'un paradis perdu tandis que les Bahamas resteront interdites à la plupart d'entre eux parce que la vie y sera beaucoup trop chère.

### L'Amérique du Sud

Au Chili, les risques seront énormes. Agité de révolutions successives plus sanglantes les unes que les autres, ce pays finira par aborder les rivages plus paisibles de la démocratie, mais il faudra que passent bien des années avant d'en arriver là. La guerre mondiale ne touchera pas l'Amérique du Sud qui sera surtout victime de révolutions internes. La Bolivie, le Pérou, l'Équateur, la Colombie s'orientent vers la démocratie mais ce sera une longue marche, entrecoupée de guerres civiles et de cataclysmes naturels.

Par contre le Brésil sera une terre où s'installer, car même si la guérilla suscite des troubles révolutionnaires, le pays est si vaste qu'il ne sera jamais entièrement touché.

Les Paraguayens feront une révolution pour conquérir la démocratie mais connaîtront ensuite une paix totale. Il en ira de même en Uruguay et en Argentine.

### Le Moyen-Orient et l'Asie

Le Moyen-Orient sera dès le début au cœur du conflit. Israël, la Turquie, l'Iran, l'Irak, le Liban participeront les premiers à la guerre. Le Liban disparaîtra pratiquement. Il sera partagé en trois. Seule demeurera une petite enclave libanaise, comparable à ce qu'est Hong Kong de nos jours. Le reste du territoire sera annexé par ses voisins, une partie du pays servira de patrie aux Palestiniens.

Cette région du monde connaît déjà la guerre,

mais cette situation ira en s'aggravant jusqu'à la guerre totale et sans merci. Les troupes soviétiques traverseront l'Iran. Elles iront même en Jordanie. Les pays arabes seront plus ou moins touchés. Le Yémen du Nord et le Yémen du Sud se battront eux aussi et finiront par être annexés par une troisième puissance : l'Arabie Saoudite qui dirigera certainement toute cette région. Sans être épargnés, le Koweit et les autres émirats connaîtront une paix relative.

### Le Pakistan
Il ne pourra échapper au conflit mondial et subira la guerre civile et une révolution qui changera le régime.

### L'Afghanistan
Les combats se poursuivront en Afghanistan. Ce pays restera pour l'Union soviétique à la fois un symbole et une plaie. L'URSS s'enlisera dans cette guerre sans issue tout comme les États-Unis se sont enlisés au Vietnam.

### L'Inde
Elle sera très impliquée dans les conflits et changera plusieurs fois de régime. Des millions d'hommes et de femmes mourront en Inde en proie à des haines collectives qui les jetteront les uns contre les autres.

### Le Sri Lanka
Déchiré par la guerre civile et la révolution, le Sri Lanka échappera au conflit mondial.

### La Birmanie
Elle aura beaucoup de mal à conserver son indé-

pendance et sera le théâtre de révolutions successives.

## La Thaïlande

Elle subira l'occupation communiste pendant quatre à cinq ans mais réussira à se libérer de cette emprise et recouvrera son indépendance grâce à la Chine.

## Laos, Vietnam et Cambodge

Ils subissent l'occupation communiste, mais ils seront libérés par la Chine.

## La Malaysia

Ses trois ethnies (Malais, Chinois, Indiens) se battront pour le pouvoir et la Malaysia participera à la guerre mondiale.

## L'Indonésie et les Philippines

Ces deux pays changeront plusieurs fois de gouvernements, parce qu'ils seront déstabilisés par la guerre.

## Taiwan

L'île de Taiwan (ex-Formose) s'associera à la Chine communiste continentale avec un statut original qui en fera un centre économique presque indépendant.

## La Corée du Nord et la Corée du Sud

Les deux Corée se battront par pays interposés en raison du jeu de leurs alliances, mais elles finiront par être réunifiées et par se donner un régime socialiste.

## La Chine

Sa frontière commune avec l'URSS est de plus de sept mille kilomètres. C'est sur cette frontière qu'auront lieu les combats entre les deux puissances. La Chine vaincra malgré la bombe atomique qui la frappera à deux cents cinquante kilomètres au sud-ouest de Pékin. C'est vraisemblablement l'URSS qui sera responsable de ce bombardement mais la Chine ne capitulera pas. Elle triomphera au contraire. Son territoire est si vaste et ses ressources si importantes qu'elle ne sera jamais affectée par la guerre qui fera rage à ses frontières.

## Hong Kong

Devenu territoire chinois, le rocher de Hong Kong bénéficiera d'un statut spécial et gardera ses privilèges économiques.

## Le Japon

Allié à la Chine, aux États-Unis et à l'Europe de l'Ouest, le Japon sera épargné par le conflit mondial et restera politiquement stable.

## L'AFRIQUE

C'est là le continent qui aura le plus à se battre et pour des raisons diverses : conflits d'ethnies, conflit mondial, rivalités frontalières. Parmi les pays à très hauts risques de guerre, je vois l'Égypte, la Libye, la Tunisie, l'Algérie, le Maroc, le Mali, Le Niger, le Burkina, le Nigeria, le Tchad, le Soudan, l'Éthiopie, la Somalie, le Congo, le Zaïre, l'Angola, le Mozambique.

Le roi du Maroc verra le pouvoir près de lui échapper. Il est en danger. Sa monarchie est en

danger. Bien qu'il soit descendant du prophète
Mahomet, ce qui le protège considérablement, il
traversera une fin de règne difficile en partie à cause
du conflit mondial mais surtout en raison de la
guerre au sud du Maroc dans l'ex-Sahara espagnol et
en Mauritanie.

La guerre sur le continent africain embrasera le
Mali, le Niger, le Burkina, le Nigeria et le Tchad. Le
Tchad réussira à retrouver l'intégralité de son terri-
toire tel qu'avant la guerre avec la Libye.

La Libye changera de régime mais n'évitera pas la
guerre.

Guerre au Soudan, nouvelle guerre en Éthiopie et
en Somalie.

Le Congo et le Zaïre seront secoués par la révolution

L'Angola, aujourd'hui socialiste et marxiste, changera d'orientation politique (comme le Mozambique) à la surprise des observateurs internationaux.

### L'Afrique du Sud

C'est un tragique destin que celui que vivra l'Afrique du Sud. A vouloir maintenir de force l'apartheid,
régime insoutenable, les Blancs d'Afrique du Sud
susciteront une guerre civile et la perdront. Ils
seront obligés d'évacuer totalement ce pays. Il leur
sera impossible de s'enfuir par voie de terre ou de
mer parce qu'ils seront encerclés. Il y aura un pont
aérien qui permettra à quelques-uns d'échapper au
massacre. Il n'y a aucun espoir que les Blancs
continuent à exercer leur pouvoir ni même à vivre
en Afrique du Sud. Il faut qu'ils en prennent
conscience avant qu'il ne soit trop tard. Je ne les
vois pas en posture de le faire. Le voyant se désespère de ne pouvoir éviter les centaines de milliers de
cadavres innocents que cet entêtement forcené aura

pour conséquences dans un pays jadis si fortuné. Morts inutiles, dernier sursaut criminel de l'ère des Poissons alors qu'il y aura aussi en Afrique des pays de paix où chacun pourra goûter la douceur de vivre.

## Le Gabon

Parmi les terres de paix et d'accueil, je vois le Gabon. Cette république indépendante sera la terre d'asile de beaucoup d'Africains et d'Européens. Une politique mesurée en fera un paradis fiscal et bancaire comme la Suisse. Non seulement le Gabon sera alors très riche mais il s'enrichira encore. Depuis l'avènement du président Bongo, le Gabon connaît la prospérité, la paix et la stabilité. Cette situation ne peut aller qu'en s'accentuant. Le rayonnement économique et culturel du Gabon sera international et l'Afrique bénéficiera des retombées positives de cet équilibre. C'est au Gabon qu'auront lieu la plupart des conférences internationales sur la paix. Les gouvernants n'y traiteront pas seulement de la paix en Afrique mais aussi de la paix à travers le monde. Le Gabon jouera en Afrique le rôle médiateur de la Suisse dans l'Europe d'aujourd'hui, et, au cours de la crise mondiale, de celui du Danemark.

En dehors du Gabon, la Côte-d'Ivoire, le Kenya et le Sénégal resteront des îlots vers lesquels se retourneront nombre d'Européens fuyant la tourmente.

## L'OCÉANIE

Aux antipodes, l'Océanie ne sera pas affectée par le troisième conflit mondial. Les réfugiés d'Asie et d'Europe chercheront à atteindre les côtes du continent australien car l'Australie offrira des garanties de sécurité et des possibilités de réussite comparables à celles du Canada. Mais l'Australie se repliera sur elle-même, et refusera provisoirement d'ouvrir ses frontières, contrairement au Canada qui les ouvrira toutes grandes à ceux qui viendront demander le droit d'asile avec un contrôle de moralité. La Nouvelle-Zélande sera plus largement accueillante que l'Australie à ceux qui voudront vivre sur ses terres.

La Papouasie et la Nouvelle-Guinée resteront étrangères au conflit. La Polynésie française constituera une terre de paix. Tahiti et l'archipel des îles américaines d'Hawaii représenteront un asile bienveillant mais Hawaii aura à subir un raz de marée meurtrier, choc en retour des tremblements de terre qui affecteront la côte californienne.

Mieux vaudra éviter la Nouvelle-Calédonie française. Elle va devenir indépendante et établira une république dure, où l'existence des résidents étrangers souffrira de tracasseries administratives et d'un ostracisme exacerbé.

L'immensité du Pacifique Sud renferme quantités de petites îles qui accueilleront bien des réfugiés. Encore faudra-t-il pouvoir les atteindre!


En résumé, le troisième conflit qui secouera le globe pendant cinq années sera comparable à un gigantesque séisme dont les humains ressentiront plus ou moins les effets selon qu'ils se trouveront proches de son épicentre ou suffisamment éloignés. L'Europe, le Moyen-Orient, l'Inde elle-même et bien entendu, le détonateur, la Russie soviétique souffriront plus ou moins de ses secousses. Cette guerre sera le sinistre adieu de l'ère de violence des Poissons. Je ne peux que donner une vision d'ensemble des zones menacées et de celles où la paix régnera. C'est un avertissement à prendre au sérieux dont chacun doit tenir compte en fonction de sa vie personnelle.

# 13

## Rouble contre dollar

A ce jour le rouble soviétique n'est pas convertible dans les pays qui appartiennent au Fonds monétaire international. Il est sans contrepartie dans les pays occidentaux. Quand surviendra la troisième guerre mondiale, l'Union soviétique aura ouvert des banques en Suisse, au Luxembourg, aux Bahamas et aux États-Unis. Étant donné que l'immense Russie possède des réserves d'or impressionnantes et non inventoriées, les Soviétiques pourront assurer la convertibilité de leur monnaie en la garantissant sur l'étalon-or. Autrement dit, ils s'appuieront sur le système français et non sur le système américain. Le rouble deviendra donc subitement, pour une période limitée, une monnaie qui permettra à certains pays d'investir et même de spéculer.

Personne n'investira en Union soviétique même, le pays étant en guerre. Mais il sera possible d'investir en roubles dans d'autres pays, par l'intermédiaire des banques soviétiques qui se seront installées un peu partout dans le monde. Ainsi connaîtrons-nous alors un scénario aujourd'hui impensable : le rouble concurrençant le dollar. L'établissement de banques soviétiques dans des pays capitalistes donnera aux financiers les garanties nécessaires pour que la spéculation puisse s'exercer d'autant que cette monnaie n'a plus cours dans le monde non communiste depuis la révolution d'octobre 1917. Ce sera un événement imprévu, nouveau. L'affrontement armé sur le terrain se doublera, il faut s'y attendre, d'une guerre monétaire, économique et spéculative.

Je conseille la prudence à ceux qui croiraient qu'ils vont faire fortune en achetant des roubles. Il est beaucoup trop tôt, mais le moment viendra et l'équilibre monétaire du monde s'en trouvera modifié. Je sais que cette prophétie paraîtra aberrante aux économistes. Sera-t-il fou le banquier luxembourgeois ou le banquier suisse qui se retrouvera en compagnie des Russes à la tête d'un empire financier prodigieux?

Cela se produira au cours du futur conflit, car la Russie gagnera du terrain pendant les premières années, par pays interposés, par terrorisme interposé. Elle apparaîtra comme un pays fort, comme l'éventuel vainqueur de la guerre. Appuyée sur des réserves d'or énormes, la Russie peut attirer ceux qui voudront parier sur le destin, parier sur l'argent, parier sur la victoire. Après la guerre, l'Union soviétique redeviendra la Russie d'autrefois, c'est-à-dire un pays prospère à l'économie bien-portante. Le rouble continuera d'être une monnaie forte après avoir traversé des hauts et des bas.

La spéculation sur les monnaies sera d'autant plus déconcertante qu'elle succédera au krach monétaire où plus personne ne saura ce qu'il faut faire ou ne pas faire. L'avènement du rouble sur le marché international sèmera une confusion encore plus grande qui ira jusqu'à la panique. L'ouverture de banques russes, banques à comptes secrets et numérotés avec garantie du secret bancaire, garantie plus solide et plus forte que celle offerte par les banques

suisses, attirera clients et spéculateurs comme le
miel attire les mouches.

Il s'agit d'un pari. Il y a risque, mais je prévois
qu'un certain public fera ce pari et prendra ce
risque, avec plus ou moins de bonheur selon les
circonstances et la date du pari. Pour toutes ces
raisons, je peux assurer, sans crainte d'être contredit
par les faits, qu'un jour assez prochain la partie de
poker ou d'échecs mondiale se jouera entre deux
champions, le rouble contre le dollar.

# 14

# Le terrorisme vaincu
# par le destin parallèle

Le terrorisme international, c'est la guerre. Je l'ai prédit et écrit dans tous mes ouvrages précédents avant que les responsables politiques internationaux ne le reconnaissent publiquement à la télévision, à la radio ou dans la presse.

Dès 1982, dans mon livre *Prophéties jusqu'à la fin du siècle,* je disais que la guerre serait une guerre de déstabilisation menée par le terrorisme international. Il a fallu que bien du temps s'écoule avant que les dirigeants du monde libre osent reconnaître que le terrorisme n'est qu'une autre face de la guerre. C'est chose faite. Malgré leurs discours, ils ne traitent pas le terrorisme international avec les moyens que des gouvernants responsables mobilisent en temps de guerre. C'est pourquoi cette lèpre continue à prospérer et à s'étendre comme une épidémie sur le monde. Pourtant le terrorisme peut être vaincu par le destin parallèle, c'est-à-dire le destin que chacun de nous peut forger par les libres décisions de sa conscience individuelle.

Il n'y aura pas, pour des raisons qui tiennent à la pusillanimité des dirigeants, de mobilisation générale contre le terrorisme. C'est regrettable. Par contre la mobilisation s'effectuera homme par homme. Par un retour sur elles des consciences individuelles, chacun se dressera contre le terrorisme. Je le vois.

Ce sera la seule solution pour débarrasser le monde de la menace que fait peser sur chaque citoyen l'épée de Damoclès du terrorisme international.

Il sera difficile d'éteindre et d'anéantir cette forme de guerre larvée qui débouchera sur un véritable conflit armé ou du moins sur un conflit ressemblant davantage à ce que nous avons déjà vécu. Des mesures ont été prises en France pour lutter contre cette lâcheté qui frappe enfants, femmes ou vieillards innocents. Elles restent largement insuffisantes. D'autres trains de mesures seront pris par les États tant en France qu'à l'étranger mais, si drastiques soient-ils, ils ne suffiront pas jusqu'au jour où chaque individu mettra en œuvre son destin parallèle. Quand chacun de nous aura une perception et une conduite différentes de celles qui sont les nôtres tant que nous ne nous sentons pas menacés par le danger à chaque coin de rue.

Israël est l'exemple de ce que j'avance. Cet État est le premier au monde à avoir vécu et à vivre sous la menace permanente des terroristes. Il a réussi, en inculquant une discipline à son peuple, en le contraignant à prendre conscience qu'un destin parallèle était possible, créant de nouvelles conduites, de nouvelles façons de regarder, d'observer, de vivre même, à pratiquement maîtriser le terrorisme. D'autres démocraties seront amenées à adopter la même attitude avec succès. Le destin parallèle de chacun implique la victoire sur le terrorisme qui vise globalement la collectivité. Dans le cadre du destin-fatalité des peuples, ce type d'action n'était pas prévu. La vie collective autrefois était liée aux guerres déclarées. Chacun obéissait passivement en participant à une violence qui lui était imposée, alors qu'aujourd'hui, chacun, en refusant la violence, peut la faire reculer car le terrorisme est une guerre c'est exact, mais une guerre non déclarée. La preuve en est que les démocraties occidentales se sentent coupables et n'osent pas déclarer la guerre aux deux ou trois pays qui sont directement à l'origine du terrorisme dans le monde. Pour ces pays, le terrorisme international est une arme qu'il suffit de manipuler pour imposer une idéologie ou pour conquérir certaines parties de la planète. Ils parviennent à leurs fins en semant la terreur. Il convient d'avoir le courage de dénoncer d'abord ces pays qui manœuvrent et manipulent les terroristes, de traiter directement avec eux si possible ou de leur faire subir des ripostes sanglantes.

Ce n'est pas en emprisonnant de temps à autre de rares mercenaires du détonateur et de l'explosif que la police parvient à repérer que le monde libre enrayera l'insaisissable machine de guerre mise en œuvre contre lui!

Il faut négocier avec les États qui entraînent ces marginaux fanatisés et les payent, car il y aura toujours de par le monde des individus prêts à poser des bombes, kamikazes de causes perdues qu'aucune police ne pourra arrêter, sauf si les États qui les suscitent et les protègent sont contraints par un consensus international à changer de comportement.

Des idéalistes ou des soldats perdus prêts à se sacrifier pour une cause, il y en a toujours eu. Il y en aura toujours. Dans le cas du terrorisme, l'arrêter ce n'est pas arrêter l'individu coupable d'un acte terroriste mais faire cesser le pays qui encourage et rétribue ses services. C'est possible. Les démocraties

y parviendront difficilement, mais elles se débarras-
seront du fléau. Hélas, il sera trop tard. Elles paie-
ront leur laxisme d'une déstabilisation intérieure. Il
est inutile de se voiler la face. Le but des actions
terroristes est de livrer un pays à un autre sans
combattre afin de gagner la guerre sans la faire
ouvertement.

La vague terroriste qui a déferlé sur Paris est loin
d'être terminée. Il ne s'agit que d'un aperçu du
futur. Je vois la violence lâche et aveugle perpétrer
des crimes à travers le monde entier au cours des
prochaines années. Il faut que la mobilisation soit
générale pour faire face au danger. Si le monde libre
se joint à ceux qui font jouer leur destin parallèle
pour éviter le piège de la terreur, il parviendra à se
sauver. Un jour ou l'autre, les pays qui manipulent
cette arme à double tranchant seront mis à genoux.
L'histoire fonctionne dans cette voie. En cette fin de
la décennie 80, c'est dans ce sens qu'il faut la faire
avancer. Les nations qui veulent la guerre, et qui
s'emploient à armer et à protéger les terroristes, se
trouveront et se trouvent déjà dépassées par ceux
qu'ils ont engagés pour leur sale besogne. Le
contrôle des éléments les plus durs leur échappe. Le
moment vient où le bras qu'ils ont armé cherche à
se retourner contre eux. Ils vont être obligés de
négocier et de changer de camp. Cet espoir permettra de mettre fin au terrorisme grâce au destin
parallèle des hommes et du monde.

# 15

# La vie dans l'espace en l'an 2000

Depuis l'aube des temps, l'humanité a rêvé de conquérir l'espace. Elle est en mesure de réaliser ce rêve qui a longtemps paru une fantasmagorie insensée. L'homme a marché sur la Lune et il ira plus loin encore. Le chemin parcouru depuis le lancement du premier spoutnik est considérable. Les sondes spatiales ont rapporté des photos de Mars, de Vénus, de Pluton. La conquête de l'espace ne s'arrêtera pas là. Les Américains, après le choc causé par la catastrophe qui vit la destruction de Challenger et provoqua la mort de sept astronautes, ont ralenti leur programme spatial, mais ils le reprendront avec plus d'énergie et d'enthousiasme, et ils réussiront. Ils installeront les premiers des laboratoires spatiaux et des stations orbitales. C'est là que s'effectueront les découvertes impressionnantes du XXIe siècle qui seront déterminantes pour l'avenir de l'homme et changeront son destin.

Il y a un destin pour l'homme dans l'espace, un destin qui le poussera à se détourner des luttes terrestres pour porter son attention vers la conquête des étoiles. Demain l'homme voudra connaître les possibilités que recèle la galaxie et son au-delà. Il conjuguera ses efforts pour les découvrir et les exploiter.

Les États-Unis réussiront les premiers dans ce domaine. L'espace et les étoiles tiennent au cœur du genre humain par son attirance pour le rêve, le merveilleux, le conte de fées. Plus cette tendance se développera, plus il sera à même de conquérir l'espace, d'y travailler, d'y recréer les conditions de vie qui lui sont nécessaires. Je ne parle pas des stations orbitales autour de la terre, mais de véritables stations spatiales installées sur le sol d'autres planètes plus lointaines. Ces véritables villes sur d'autres mondes ne seront pas simplement des centres d'observation scientifique mais aussi des centres de fabrication de produits nouveaux impossibles à réaliser aujourd'hui sur notre terre qui n'offre pas les conditions d'environnement requises.

Dans l'espace, l'homme pourra mener à bien de nouveaux assemblages de molécules et de particules qui transformeront la médecine, la biologie. Ceux-ci permettront non seulement de guérir des maladies aujourd'hui incurables, de prévenir les fléaux encore inconnus qui peuvent nous frapper demain mais ils auront des résultats inimaginables pour nos cerveaux actuels. Certains de ces produits révolutionnaires développeront nos centres cérébraux inexploités, nous dotant de facultés que la parapsychologie a mises en lumière mais que personne, en dehors de quelques médiums, n'est parvenu à maîtriser. Ce sera un âge d'or scientifique tenant les promesses de l'ère du Verseau car le Verseau, c'est la science unie à la sagesse et à la paix. C'est l'ère qui rendra nos regards plus perçants, plus clairvoyants en les tournant vers l'au-delà, vers l'infini.

C'est ainsi que sans l'avoir prévu les hommes iront à la rencontre de races extraterrestres, car elles existent. L'espace renferme des milliers d'autres galaxies où se sont développées des civilisations en avance sur la nôtre de plusieurs milliards d'années. Il est certain que le contact avec ces êtres, s'il n'est pas encore établi, le sera et le voyant que je suis peut prédire qu'en vérité ce sont eux qui viendront vers nous quand notre espèce se sera débarrassée de sa gangue de violence et de son goût du sang. Ils réussiront à effectuer les voyages intergalactiques, nous feront bénéficier de leurs connaissances scientifiques et nous parrainerons à travers les étoiles.

Ces extraterrestres lointains sont pacifiques. Depuis si longtemps ils ont rejeté la guerre qu'à notre échelle nous pouvons les considérer comme en paix depuis toujours. C'est ce qui leur a permis de progresser et d'élargir le champ de leur conscience. La supériorité intellectuelle et spirituelle qu'ils apporteront sur terre dans un grand mariage entre eux et les Terriens provoquera non seulement un bond en avant de notre recherche scientifique sur terre, mais un bouleversement moral qui nous délivrera de l'angoisse et de la peur.

Le XXI^e siècle, témoin de notre rencontre avec les races intelligentes de l'espace, sera celui du développement culturel et spirituel. Le XXI^e siècle sera marqué par l'avènement des extraterrestres sur terre, l'événement le plus extraordinaire de l'histoire humaine depuis la découverte du feu. A cet instant commencera pour les humains l'âge de l'espace.

Ces intelligences supérieures maîtrisent parfaitement leur destin. Elles évoluent, choisissent le destin le meilleur à tout moment. Elles sauront aider les hommes à découvrir et à profiter du destin parallèle propre à chacun.

Les grandes puissances réunies participeront à la conquête de l'espace : l'Union soviétique, la France, la Grande-Bretagne, les États-Unis, la Chine, l'Inde et le Japon. Les forces et les intelligences de notre terre s'uniront après le grand conflit mondial pour se tourner vers le destin des étoiles. C'est la voie royale qui s'ouvrira à l'homme du XXI<sup>e</sup> siècle, le destin qui attend l'humanité et qui la fera sortir enfin libérée de la prison que représente notre minuscule globe.

# 16

# Maladie et destin

« La maladie est-elle oui ou non inscrite dans le destin? » Voilà une question que me posent souvent mes consultants. Face aux maladies incurables et aux infirmités dont sont affligés leurs proches parents ou leurs amis, ils se sentent démunis. L'injustice du sort les interroge et les émeut. Ils craignent pour eux-mêmes et sont confrontés au problème de la destinée.

Certaines tares relèvent de la fatalité aveugle qui frappe sans discernement. Elle pèse sur le destin de l'enfant incurable aussi bien que sur celui de ses parents. Les progrès de la science permettent de la faire reculer. Aujourd'hui, les futures mamans, grâce à l'échographie, peuvent pendant la vie utérine de l'embryon tout savoir de la santé de leur enfant. La science commence à tenir la fatalité en échec.

Il en sera bientôt de même des maladies héréditaires, inscrites dans les gênes à la naissance. Elles sont un legs du destin de nos parents, grands-parents ou arrière-grands-parents. La génétique avance à grands pas et pourra bientôt permettre de changer les gènes porteurs de ces maladies. Je pense aux maladies circulatoires, cardio-vasculaires, aux coronarites, à l'angine de poitrine, aux maladies des

yeux, aux infections rénales, aux rhumatismes, à
l'arthrite, à l'arthrose, etc. Je citerai aussi l'hémophi-
lie et certains cancers. D'ici une vingtaine d'années,
les maladies héréditaires auront disparu.

En revanche, bien d'autres maladies ne sont pas
inscrites dans le destin. Elles sont causées au cours
de notre vie par les erreurs que nous commettons
envers notre corps, parfois même par celles dont
nous nous rendons coupables à l'égard de notre
environnement. Il en est ainsi de la pollution
chimique, agression contre la vie que nous laissons
commettre par des agents extérieurs dont nous
sommes responsables. L'industrie, si nous n'y prenons garde, s'attaquera à notre corps et ruinera ses
systèmes de défense.

Nous connaissons intuitivement d'autres agents
destructeurs qui sont la colère, l'agressivité, la violence, forces négatives qui détruisent le flux vital.
Nous pouvons maîtriser ces ennemis intérieurs ou
les combattre. Le tabac, l'alcool, la drogue sont
dangereux pour notre santé physique et psychique.
Il ne tient qu'à nous de nous en débarrasser. Il y a
des drogues que l'on oublie. Je ne parle pas seulement de celles que contiennent certains médica-
ments. Il y a celles que cachent nombre de produits
de consommation courante. Il faut avoir la sagesse
d'apprendre à se nourrir sainement. Il n'existe pas
de régime universel. Chacun doit être à même de
découvrir ce qu'il convient de donner à son propre
métabolisme pour le maintenir en bonne santé. Ce
qui convient à l'un n'est pas recommandable à
l'autre. Cependant, il existe des produits de base qui
n'agressent pas l'organisme et qui sont bénéfiques.
Je parle des produits complets : le pain complet, les
céréales complètes, l'eau de source, les fruits et
légumes biologiques (sans oublier qu'ils doivent être

consommés quand vient leur saison et dans les pays où ils trouvent leur climat naturel). Vivre en accord avec Mère Nature, voilà le secret de l'équilibre organique. Mieux vaut consommer ce que produisent les animaux que de dévorer les animaux eux-mêmes. En général, l'homme mange les fruits et non les arbres. La grande règle qui gouverne notre système physiologique est de respecter son équilibre naturel. Notre organisme est conçu pour lutter contre une certaine quantité de nuisances. Nous ne devons pas l'accabler en le soumettant à un combat inégal.

Adopter un comportement positif face à la maladie, c'est déjà la combattre. Il ne faut pas craindre de contracter la maladie dont est victime un ami ou un parent. En rejetant l'idée de contagion, nous fabriquons par voie de conséquence les anticorps qui interdiront au mal de nous frapper, alors que la peur de la contagion affaiblit notre système de défense. Les médecins et les infirmières, qui n'ont par définition pas peur de la maladie des autres, n'en sont presque jamais victimes. De même qu'il y a rarement de cas de contagion, dans la tuberculose par exemple, entre une femme et un mari qui s'aiment, bien qu'ils partagent le même lit.

Cependant, il est des êtres mal protégés, et je suis partisan de la vaccination, non seulement contre certaines maladies contagieuses et transmissibles, comme la tuberculose ou la poliomyélite, mais aussi de celle qui protège de façon plus générale. Elle est inconnue du grand public parce que négligée aussi bien par le corps médical, surtout en France, que par les grands laboratoires.

Je vais citer, pour donner un exemple, le cas

frappant du vaccin ART, dit vaccin de tortue du
professeur Friedmann. Ce vaccin non seulement
prévient mais aussi guérit des infections purulentes
résistant à tous les antibiotiques. Le vaccin ART
provoque un abcès froid à l'endroit où il est inoculé,
que ce soit au bras ou à la cuisse. Cet abcès de
fixation extirpe d'une part le mal de l'intérieur du
corps et oblige d'autre part le corps à fabriquer des
anticorps qui le défendront contre toute nouvelle
agression de quelque microbe que ce soit.

J'ai la conviction profonde que le vaccin ART du
professeur Friedmann pourrait combattre le sida. Il
s'agit en l'occurrence de redonner au corps humain
ses capacités immunologiques détruites par la terrible maladie. Or ce vaccin n'est pas en vente libre en
France! Je souhaite que le vaccin du professeur
Friedmann soit testé sur les malades atteints du sida.
Bien entendu, il faudra faire cette expérience avec
les précautions qu'implique toute tentative mais il
me semble scandaleux, quand une nouvelle porte
s'ouvre, de ne pas en faire bénéficier des malades
condamnés à plus ou moins brève échéance.

Je ne saurais trop conseiller d'adopter face à la
maladie une attitude positive. Il faut partir gagnant,
garder un moral à toute épreuve. La puissance et
l'importance du moral d'un malade face à sa maladie sont inimaginables. La force morale et psychique
de l'être qui se bat contre son mal est à l'origine de
guérisons qu'on dit miraculeuses.

J'en reviens au problème du sida. Je conseille aux
biologistes de faire l'expérience suivante, comme l'a
fait le professeur Friedmann pour son vaccin ART en
inoculant diverses bactéries à la tortue, laquelle
possède un sang froid, pour guérir principalement la
tuberculose et les infections broncho-pulmonaires.
Il conviendra d'inoculer à la tortue le virus du sida

afin qu'elle fabrique des anticorps qui permettraient l'élaboration d'un vaccin qu'on pourrait expérimenter d'abord sur des animaux à sang chaud, puis ensuite sur l'être humain. Telle est ma vision très exacte de l'élaboration de ce vaccin.

# 17

# La mort et la réincarnation

La naissance et la mort sont deux incidents de parcours inscrits à l'intérieur d'une vie cosmique infinie. Suivant la pensée du médecin et sociologue Gustave Le Bon, « la mort n'est qu'un détournement d'individualités. L'hérédité fait circuler les mêmes âmes à travers la suite des générations... » (*Hier et Demain*). La vie de l'âme, celle de l'énergie ne connaissent pas de fin. Une rose est une rose, un oiseau un oiseau et l'homme ne diffère de ces composantes-vies de la nature. C'est à la même source qu'il puise son énergie et, comme la nature, ce flux vital est immortel.

Avec l'avènement des bébés à la carte, la naissance n'est plus une fatalité issue de l'ancien destin. En revanche la mort physique, à de très rares exceptions près, demeure une fatalité. Quel que soit le processus responsable de la naissance d'un être, la programmation mortelle est inscrite dans ses gènes dès la naissance.

Pourtant, l'influence du Verseau transformera le processus qui aboutit à la mort. Chaque destin humain en sera affecté car la mort interviendra différemment. L'âge d'or de la science qu'apportera le Verseau prolongera la vie humaine, retardera le vieillissement et les hommes connaîtront un quatrième âge de la vie.

Il est rare que le destin laisse échapper sa proie quand approche l'heure de la fin. Mais il y a des exceptions. Ainsi l'abolition de la peine de mort a changé le destin d'un bon nombre d'assassins. Des malades autrefois condamnés sont aujourd'hui sauvés par les progrès de la science. Je pense aux greffes cardiaques, aux greffes de rein ou de la moelle osseuse, qui reculent l'heure de l'échéance finale pour bon nombre d'hommes et de femmes à travers le monde.

Ces sauvetages relèvent du destin parallèle qui fait son apparition avec les prémices de l'ère du Verseau.

Au cours de sa vie, l'être humain peut, grâce à son intuition, éviter un accident mortel. La plupart du temps parce qu'une ou plusieurs forces inconnues l'ont amené à consulter un voyant avant d'entreprendre un voyage qui se serait révélé fatal. Le voyant perçoit la mort, c'est inévitable. Plus l'événement est proche, plus il est à même de donner des détails et des précisions sur les circonstances qui risquent d'être responsables de la tragédie. Le consultant ainsi prévenu a toutes les chances d'échapper à son destin pour choisir un destin parallèle.

Il est important de garder en mémoire qu'avoir détourné une fois la fatalité ne rend pas immortel. Il ne s'agit que d'un sursis, car la dualité entre la force de la fatalité et la volonté de la conscience individuelle est trop inégale quand il s'agit de cet événement majeur qu'est la mort. L'expérience a démontré aux voyants combien ces sursis sont incertains.

Ils durent entre sept et douze ans, après quoi la vie
du « miraculé » est de nouveau menacée avec la
même violence. Le voyant peut une fois encore
détourner le cours du destin, mais s'il meurt pendant cette période de sursis, il n'est pas évident
qu'un second voyant puisse prévoir la nouvelle
échéance fatale. Il se peut aussi que le consultant ne
vienne pas interroger le voyant à temps.

Les forces invisibles du destin existent. Elles se
conjuguent pour former un rideau noir qui s'inter-
pose entre la vision du médium et certains événements de la vie du consultant. Quand la mort est en
jeu, une force nous empêche souvent, nous voyants,
de le dire, d'évoquer le verdict face au consultant.
Est-ce à cause de ces forces invisibles que la mort
nous apparaît comme une fatalité à de rares exceptions près?

Ce phénomène se remarque lorsque la mort
concerne un enfant, ou une personne jeune. Il serait
immoral d'annoncer à la mère la mort de son
enfant. Je n'ai jamais annoncé la mort d'un enfant à
une mère ou à un père qui se trouvait en face de
moi, même si je la voyais inscrite dans le destin. Si
j'ai vu la mort et qu'en la voyant, j'ai pu indiquer
comment l'éviter, je l'ai fait et j'ai prévenu la fatalité.
Si la vision est imprécise et floue et que je ne puisse
pas la dater ni expliquer au cours de quelles circonstances le drame va se produire, je me garde
d'annoncer la mort d'un enfant, car je considère que
ce serait un très grand tort à faire à ces parents qui
ne sauraient admettre la disparition prochaine de
leur enfant.

Pourtant, quand des êtres meurent en pleine jeunesse, c'est parce qu'ils doivent vivre une autre vie
après leur disparition, plus intense et plus belle que
celle qu'ils ont quittée. Une mission les attend après

leur mort. Il s'agit en général d'une réincarnation assez rapide qui leur permettra de mener une action plus importante et plus généreuse en faveur de l'humanité. Parfois, quand des êtres meurent jeunes, ils se réincarnent dans l'entourage de la famille qu'ils viennent de quitter.

Il existe une autre vie après la mort. Notre énergie, notre âme survivent. Celle-ci quitte notre corps presque à l'instant de la mort clinique. Il y a pourtant des cas où l'âme quitte le corps un peu avant le décès. Ainsi des grands vieillards qui s'éteignent doucement, comme une lampe qui n'a plus d'huile. A ce moment-là, effectivement, l'âme peut s'en être allée quelques heures avant le corps. C'est le cas de ceux qui sont victimes d'une longue maladie épuisante, d'un cancer, d'une agonie douloureuse. L'âme quitte le corps avant le soupir final et lui permet de cesser enfin de souffrir. Quand il s'agit de mort brutale, d'accident, l'âme quitte le corps à la seconde précise de la mort. S'il s'agit au contraire d'un décès dû à un infarctus ou à une crise cardiaque, on assiste au phénomène contraire, le cœur cesse de battre spontanément mais la mort du cerveau n'est pas immédiate. L'âme quitte le corps quelques secondes, voire quelques minutes après l'arrêt du cœur, au moment où intervient la cessation de l'activité cérébrale.

Les âmes de nos défunts restent autour de nous pour des durées déterminées à l'avance et limitées dans le temps et cela jusqu'à leur prochaine réincarnation. Le laps de temps qui s'écoule entre deux incarnations est variable. Plusieurs facteurs

entrent en jeu, notamment nos actes positifs et
notre vie spirituelle. La période où s'accomplira
notre future incarnation est choisie à l'avance.
Entre deux incarnations, il peut s'écouler de cinq
ans au minimum à cinquante ans, voire plus. Chaque individu se réincarne des dizaines et des dizaines de fois, toujours sous une forme humaine. Il
s'agit là d'une certitude. C'est une question de
longueur d'onde, d'atomes. Un animal redevient
un animal. Une plante redevient une plante. Un
être humain, un être humain, jusqu'à ce qu'il
atteigne la perfection à sa dernière incarnation.
Ces âmes parfaites sont celles que nous invo-
quons, que nous prions, Jésus, Mahomet, Bouddha, Confucius. Chaque religion à ses élus. Néanmoins parmi les âmes parfaites, il faut aussi savoir
qu'il peut y avoir un parent ou un ami qui n'a
jamais fait parler de lui mais qui n'en était pas
moins un être d'une richesse d'âme exceptionnelle.


Au cours d'une existence, nous retrouvons des
êtres que nous avons connus lors de nos vies antérieures. Nous les reconnaissons, les aimons ou les
détestons dès la première rencontre. Nous reconnaissons aussi des lieux où nous avons vécu, des
situations identiques à ce qu'elles étaient auparavant. Parfois nous revivons des situations antérieures avec celui ou celle qui déjà était à nos côtés
en un autre temps. Certains épousent le même
homme ou la même femme plusieurs fois au cours
de leurs incarnations successives. Si le mariage fut
un échec, il le demeurera. Seul variera le responsable. Tantôt le mari portera la responsabilité du
naufrage du couple, tantôt sa femme. D'une vie à

l'autre, ils finiront par comprendre leurs erreurs et par devenir meilleurs. L'homme ou la femme épousé au cours d'une réincarnation ne sont pas obligatoirement les ex-conjoints d'une autre vie.

L'exemple, heureusement rarissime, est celui de deux amants qui ont partagé une existence passionnée et qui se réincarnent en tant que membres d'une même famille, en frère et sœur, en père et fille, etc. Ils seront alors irrésistiblement attirés l'un vers l'autre. Ce phénomène explique l'inceste. Afin de réparer leurs fautes, ils se retrouveront mais en époux lors de leur prochaine incarnation. Certes, les humains se réincarnent en êtres humains mais les vies successives ne se déroulent pas dans les mêmes pays, ni sur les mêmes continents. Les âmes voyagent sans cesse et se réincarnent là où l'action qu'elles ont à mener les attire.

Malgré la science qui permet d'avoir des enfants à la carte et qui fabrique des bébés éprouvettes, les âmes se réservent toujours le droit, lors de leurs différentes réincarnations, de choisir en tant que « véhicule terrestre » les nouveau-nés avec lesquels elles se sentent le plus d'affinités. L'âme n'habite un corps qu'après la naissance au moment précis où le nouveau-né pousse son premier cri et respire sa première bouffée d'oxygène. A ce moment-là, l'âme pénètre en lui. Avant cela, pendant la vie intra-utérine, le fœtus est habité par l'âme de sa mère.

Il convient de préciser qu'au cours de la lutte ininterrompue entre le bien et le mal, les mauvaises âmes ne se réincarnent pas toutes. Elles meurent victimes de leur propre violence. Il faut plusieurs mauvaises âmes de défunts pour en former une seule qui puisse accomplir une dernière réincarnation, car elle brisera ensuite le cycle éternel et mourra étouffée par les influences bénéfiques des bonnes âmes, se dissoudra pour disparaître absorbée par la vie cosmique.

En revanche, les belles âmes se multiplient et occupent de plus en plus de corps humains sur notre terre. C'est grâce à ce processus que le bien triomphera enfin du mal. Le Jugement dernier a lieu chaque jour, à chaque seconde pour chaque âme, et la résurrection des morts n'est rien d'autre que la réincarnation perpétuelle des âmes. Il n'y a ni paradis ni enfer, mais simplement le bien et le mal dont nous sommes responsables. Nous avons le devoir de le savoir afin de devenir meilleurs à chaque instant de notre vie. Qui réussit cet accomplissement n'a plus à redouter la mort.

# 18

# Guerre ou paix :
# il faudra choisir avant 1990

La fatalité est en train de disparaître du destin héréditaire. Ce que j'ai expliqué en étudiant les destins individuels est valable pour l'humanité. L'homme est de plus en plus responsable face aux autres et responsable face à lui-même.

Cela implique que la guerre ne soit plus fatale. Le monde a un destin parallèle possible, c'est la paix. Nous allons devoir choisir entre la haine et la concorde. Nous ne pourrons plus nous retrancher derrière l'inévitable. La phrase fataliste : « C'était écrit! » ne sera plus une excuse.

Autrefois, les rois, les empereurs, les dirigeants d'un pays étaient les pièces maîtresses du destin de la guerre puisqu'ils prenaient la tête de leurs armées. Napoléon faisait partie du destin de son armée puisqu'il la dirigeait. Il y avait destin collectif dépendant du destin d'un seul. A la fin du XIXᵉ siècle et surtout au XXᵉ siècle, les guerres se sont faites par généraux interposés, les chefs d'État étaient absents du terrain militaire. Le sort de l'armée n'était plus le leur. Ils étaient remplacés par les généraux qu'ils avaient nommés. Le chef d'État dans son bureau a commencé à se dégager du destin de la guerre. Cela n'a pas empêché les guerres d'avoir lieu malgré les

voix qui s'élevaient pour réclamer la paix. Les
guerres du xxe siècle se sont déroulées de manière
atroce bien que les chefs d'État aient cessé d'être à la
tête de leurs armées.

Aujourd'hui les guerres se font par pays interposés. Non seulement les chefs d'État n'ont plus grand-
chose à voir avec ce qui se passe sur le terrain, mais
les généraux, les chefs militaires non plus. La guerre
a changé d'aspect. Le terrorisme international en
offre l'exemple le plus frappant. La guerre du terrorisme a lieu sans généraux et sans armées. Cette
guerre nouvelle formule a lieu parce qu'une guerre
atomique mettrait en danger le sort de la planète.
Cette nouvelle stratégie vise à déstabiliser le monde
libre et y réussira dans certains coins du monde.

Je pense qu'il aurait fallu mobiliser les généraux
et les armées pour faire face au terrorisme international. Les démocraties, sous prétexte de libéralisme
et de démocratie, ne le feront pas. Je crains qu'elles
ne se réveillent trop tard. Au cours des années qui
viennent, il y aura d'autres façons de faire la guerre.
Ce sera la fin des chefs d'État, des généraux, des
terroristes. Tout cela sera de l'histoire ancienne.
Demain verra le règne des chimistes. Le monde
subira la guerre bactériologique préparée par des
ingénieurs chimistes et par des biologistes. Les
armées, absentes sur le terrain, ne s'affronteront
plus pour former un rempart protégeant les civils.
Les populations porteront le fardeau de la tragédie.
Finie l'époque des rois et des empereurs à cheval à
la tête des armées. Finis les généraux du xxe siècle.
Finis les terroristes qui font encore trembler le
monde. Seule la science représentera un danger
pendant une dizaine d'années encore, jusqu'à l'avè-

nement total de l'ère du Verseau après 1997. C'est dire combien le monde aura changé. C'est dire qu'il est temps de préparer l'ère promise et qu'il faudra énormément de vigilance et d'habileté aux hommes pour faire avancer la cause de la paix et faire reculer la violence de la déstabilisation et de la guerre.

Il ne faut pas avoir peur de proclamer que le choix entre guerre et paix ne peut attendre, qu'il doit se faire aujourd'hui, avant qu'il ne soit trop tard. La question dans l'immédiat est de vaincre le terrorisme. Ce n'est pas si difficile. Certes les gouvernements occidentaux ont pris des mesures, mais il devient urgent de créer une Cour internationale de sécurité, je dis bien internationale et non nationale. Il y a des années que je réclame cette décision. Il faudrait que tous s'allient, pas seulement les pays concernés par le terrorisme mais aussi ceux qui cachent leurs buts expansionnistes inavouables. Quand les États-Unis et l'URSS décideront-ils de créer cette Cour internationale où siégeront les pays victimes du terrorisme, la France, la Grande-Bretagne, la RFA, l'Italie, Israël, la Belgique et l'Espagne? Contrairement à ce que l'on croit, l'Espagne n'est pas en butte à un terrorisme national mais au terrorisme international. Inutile d'avoir peur des mots, les exécutants sont manipulés par un brillant chef d'orchestre unique. Qu'on l'amène donc à la table des négociations si l'on veut obtenir un résultat.

Il suffit d'ouvrir les yeux pour comprendre qui a intérêt à déstabiliser l'Occident démocratique. Il n'est pas difficile de discuter avec les représentants de ces pays, de les obliger à signer des traités et à nous prêter assistance. Il faut demander à notre principal ennemi de collaborer contre les mercenaires qu'il a engagés.

Cette idée n'a rien d'aberrant. Elle porte nos espoirs de réussite. Il faut un certain courage pour montrer du doigt le responsable, le chef d'orchestre clandestin qui manipule des exécutants dont on a lavé le cerveau. C'est vrai. On chuchote des noms en les désignant par des mots à double sens mais nul ne parle jamais ouvertement. Il faut avoir le courage d'aller au-devant des responsables, de leur parler en face, ce qui peut être fait de manière discrète, sans mettre le pays concerné au ban des accusés, sans le transformer en accusé unique. Il est exact qu'en dépit de leurs ramifications diverses, les terroristes ne sont au service que d'un seul pays, d'un seul agresseur, d'une seule idéologie qui cherche à se répandre à travers le monde, mais il faut jouer le jeu et faire semblant de croire qu'ils ont plusieurs commanditaires. C'est en usant de subtilité que l'on saisira l'unique possibilité de sauver le monde d'une guerre presque inévitable.

Les peuples ne cherchent pas la guerre. Tous aspirent à vivre en paix sur la planète. Ils ne rêvent pas de conquérir le monde, cherchent le bonheur et non la mort. On ne peut plus aujourd'hui mobiliser un peuple contre un autre pour l'engager dans une bataille accomplie selon les lois de l'art militaire. Les soldats refuseraient d'avancer pour tuer. C'est pour cette raison qu'il sera de plus en plus difficile de fanatiser les masses. En revanche, les terroristes capables de déposer une bombe sans se soucier de savoir qui sera leur victime seront toujours prêts à être payés pour accomplir leur ignoble besogne. Il s'agit d'individus isolés, de pervers qui n'ont rien de commun avec les peuples dont ils sont issus. Peut-être croient-ils faire preuve de courage en allant déposer leur bombe incognito? Ils se trompent, ils n'accomplissent qu'une lâcheté infâme, mais c'est à cause de leur erreur de jugement que la guerre a lieu contre la volonté des peuples qui subissent les horreurs de cette terreur mercenaire.

## Troisième Partie

# A la croisée des destins

Ils seront cent soixante enfants autour
du monde
Ambassadeurs de paix et croisés du
destin
Grâce à leurs voix unies en une
immense ronde
L'humanité saura que son but est
atteint.

M. d. S.

# 19

## Le voyant face à son consultant

La prémonition d'un destin parallèle quand elle s'impose à l'esprit d'un homme ou d'une femme le conduit à consulter un voyant capable de jeter la lumière sur ce qui le trouble. Il s'agit pour lui ou pour elle de changer d'orientation, de bifurquer, de prendre de nouvelles décisions qui satisferont davantage leurs aspirations profondes, soit au point de vue professionnel, soit sur le plan amoureux. Le voyant, grâce à ses dons de médium, est à même d'aider celui ou celle qui sans savoir ce qu'il cherche se doute qu'une autre voie est à sa portée pour peu qu'il parvienne à la distinguer.

Tout autre est le cas de ceux qui viennent consulter parce qu'ils hésitent entre deux voies claires, mais presque similaires, comparables entre elles mais dont ils pressentent que l'une d'elles les conduira plus vite et plus facilement au succès que l'autre. La question à résoudre devient alors : « Des deux choix qui s'offrent à moi, vers lequel dois-je me diriger pour mener à bien mon entreprise? » Depuis quelques années, le voyant rencontre de plus en plus d'hommes et de femmes qui se posent la question en ces termes car ils ont conscience que l'existence leur offre un choix. C'est le signe avant-coureur de l'avènement du Verseau.

Avant d'être capables de voir clair en eux-mêmes, ces hommes et ces femmes ont besoin de consulter le voyant. Il va sans dire que la responsabilité de celui qui peut éclairer leur route devient chaque jour plus écrasante. Il y a cinquante ans, un voyant pouvait se contenter d'annoncer l'avenir à son consultant. S'il se réalisait, tout allait pour le mieux. S'il ne se réalisait pas, le voyant passait pour un charlatan. Tout s'arrêtait à des constatations sans conséquences. Que le destin s'accomplisse ou pas, en accord ou non avec les prédictions du voyant, cela n'avait aucune prise directe sur la vie du consultant. Le voyant avait annoncé un destin : la réalisation dudit destin n'avait jamais eu lieu ou au contraire tout s'était réalisé comme prévu. Quelle importance? La responsabilité du voyant restait limitée.

Tout a changé aujourd'hui. Face au destin parallèle, la responsabilité du voyant est engagée. Nous recevons aujourd'hui des consultants qui ont plus ou moins conscience de deux voies, de deux possibilités et qui nous interrogent sur le meilleur choix à faire, non sur ce que leur réserve l'avenir, mais sur ce qu'ils doivent choisir pour aboutir à la réussite et à l'épanouissement. Destin initial ou destin parallèle? L'erreur du voyant serait lourde de conséquences pour le consultant qui lui a fait confiance.

Il se peut que le consultant ignore qu'il a un destin parallèle. Il est venu interroger le voyant pour un autre motif, parce qu'il se sent mal dans sa peau ou parce qu'il ignore ce qui va advenir de lui sur le plan professionnel, social ou financier. Il se pose des questions, il les pose au voyant qui découvre à cette occasion le destin parallèle de son interlocuteur. La vision est assez nette pour permettre d'expliquer ce destin qui va se présenter, ce qu'il faut faire pour le saisir et s'il faut ou non le saisir. Au cours des visions, les paroles sont capitales car elles provoquent une révélation dans l'esprit d'un homme ou d'une femme aveugles. Ils apprennent qu'ils doivent quitter leur destin pour un autre, ce qui implique, par exemple, que le consultant va abandonner son travail, son métier, démissionner pour s'engager sur une nouvelle voie que le voyant perçoit avec certitude dans le destin parallèle de son visiteur.

C'est une mission très grave que d'amener un être à modifier la ligne de sa vie. Il faut que le voyant soit clairvoyant, sûr de lui pour pousser son consultant à un tel changement, à prendre des décisions parfois irréversibles. Le poids de la responsabilité qui pèse sur les épaules du médium peut devenir écrasant, presque insupportable à assumer. Quelle que soit la décision qui sera prise, l'angoisse du voyant est toujours très forte. Ce n'est qu'un homme après tout, un homme qui possède le don de clairvoyance. Il l'a mis au service de ses frères afin qu'ils puissent utiliser ses pouvoirs pour diriger leur avenir.

Ce que je viens de dire pour un métier, une profession est vrai dans le domaine de l'amour. Si un voyant conseille à un homme ou à une femme de divorcer pour en épouser un autre, il faut qu'il soit sûr de sa vision, sûr que le choix du second destin est d'une part le meilleur choix pour le consultant et que d'autre part ce choix n'entraînera pas une situation désespérée pour la personne délaissée. Le rôle du voyant implique qu'il soit totalement sûr de lui. Il y a là une pression morale et psychologique insoutenable, tant il est difficile d'être utile, positif et certain de tout ce que l'on va dire, annoncer, décrire à son consultant. S'il est vrai que le destin parallèle constitue une chance pour tous les êtres humains qui sont ainsi à même d'échapper à la fatalité, il charge d'un handicap le voyant ou la voyante qui ne seraient pas capables de maîtriser ce nouveau phénomène avec sûreté.

Le voyant se trouve confronté à l'impatience du consultant. C'est le cas des êtres qui trouvent leur existence dépourvue d'intérêt et qui ne possèdent pas le don de prémonition leur permettant de sentir l'approche d'un destin parallèle. Ceux-là voudraient un destin parallèle immédiat, dès demain si possible. Il faut comprendre que si tous et toutes ou presque ont un destin parallèle, il ne se manifeste pas n'importe où, n'importe quand, n'importe comment. Il faut savoir l'attendre parfois six mois, un an, deux ans, trois ans. Il faut savoir être patient. Les consultants ont tendance à s'imaginer maîtres de leur destin. Ce n'est pas vrai. Au XXIᵉ siècle, les hommes le seront sans doute, mais pas aujourd'hui. Cette possibilité, qui annihile plus ou moins la notion de fatalité, ne libère pas l'homme de son destin. Ce serait trop simple. La fatalité disparaît peu à peu mais ses effets se manifestent encore. Ils nous accompagneront en s'éloignant de plus en plus jusqu'à ce que le passage d'une ère à l'autre soit effectué. Cette chance offerte à l'être humain se double d'un handicap. Il y a choix c'est vrai, mais que choisir? Où? Quand? Par quels moyens? Il est plus difficile de choisir son destin que de s'en remettre à la fatalité, de se dire comme autrefois : « Qui vivra verra!... Laissons faire le destin et acceptons ce qu'il nous réserve. » Cette chance, il faut apprendre à savoir la porter, la mériter. Cela s'applique au voyant comme à son consultant. Nous partageons autant l'un que l'autre la responsabilité du choix entre ancien et nouveau destins.

Le rôle du voyant est difficile car il a devant lui des êtres inquiets et qui souffrent, des êtres qui demandent de l'aide. L'intervention du destin parallèle exige du médium une maîtrise de son don de plus en plus parfaite et une absolue sécurité à l'intérieur de sa vision. Quels que soient les individus, quel que soit leur statut social, cela reste vrai. Il n'y a pas de personnalités privilégiées. Chacun représente pour moi un être humain avec lequel je dois créer une relation affective. Les grands de ce monde viennent m'interroger. Je rencontre des chefs d'État, des souverains, des ministres, de grands patrons d'entreprise, des artistes, des comédiens, des écrivains, des hommes et des femmes célèbres, mais je reçois exactement de la même façon monsieur et madame tout le monde.

Il ne faut pas se méprendre sur le sens des mots quand je parle de relation affective. Il faut que je sente l'homme ou la femme qui me fait face heureux d'être là. Je n'ai pas besoin qu'ils me jettent au visage leur vibration d'agressivité ni leur curiosité malsaine. Je souhaite qu'ils arrivent avec bonheur, en « aimant » un peu à l'avance leur voyant. C'est évident. C'est la condition première pour obtenir de moi une clairvoyance sans contre-courants parasites. L'agressivité me gêne. Je ne peux être moi-même face à ceux qui viennent me voir par curiosité comme on vient examiner le mouton à cinq pattes.

J'évoquerai à présent mon rôle à l'égard des hommes politiques, de ceux qui portent de grandes responsabilités car ceux-là aussi ont un destin parallèle. Il est évident que je suis amené à les faire changer d'opinion et de direction, non seulement

pour leur bien personnel mais pour le bien de tous.
Le voyant joue un rôle social important. Tout en
restant dans l'ombre, il a la possibilité de recom-
mander à ceux qui détiennent un instant le pouvoir
ce qu'ils doivent faire ou ne pas faire. Les hommes
qui portent sur leurs épaules la lourde tâche de
l'État ne sont pas murés dans leur orgueil. Au
contraire, ils écoutent. Ils tiennent scrupuleusement
compte des conseils du voyant. S'ils ont pris la peine
d'aller le voir ou de le convoquer, c'est parce qu'ils
croient en lui. Leur temps est trop chargé, trop
précieux pour qu'ils songent à le perdre sur un
mouvement de curiosité.

S'ils réclament mon aide, c'est qu'ils m'accordent
du crédit. Un chef d'État ou un homme politique est
conscient de son destin personnel. Il sait dès le
départ à quoi il s'est engagé et les risques qu'il a pris.
S'il consulte, c'est pour mieux faire, pour réussir à
réaliser le bonheur du peuple qu'il a pris en charge.
Quel que soit leur bord, les politiciens sont animés
du désir d'accomplir le meilleur de leur destin. Pour
leur bien mais pour celui de tous. Ils sont soucieux
de marquer leur passage dans l'histoire en servant
les intérêts de leur peuple. Ils cherchent à améliorer
le sort de ceux dont ils sont responsables. S'il est
difficile d'être un homme politique, la tâche du
voyant à son égard se trouve extrêmement simplifiée. Ils sont si préoccupés, si absorbés, si critiqués,
si traqués qu'ils n'ont pas l'esprit assez libéré pour
discerner les moyens qui leur permettront de réaliser leur vœu le plus profond : faire le bonheur de
leurs concitoyens. Le voyant, face à ces hommes, n'a
aucun de ces problèmes. Il est en mesure de saisir
sans interférence ce qui peut être entrepris, ce qui
doit être évité, pour gouverner.

J'ai souvent l'occasion de conseiller des hommes

politiques. Je le fais pour le bien de tous. Pourquoi le passerais-je sous silence? Bien des lois ont été votées au cours de ces dernières années, parce que je les avais suggérées à l'homme ou aux hommes politiques que je conseillais. Parce que ces lois étaient justes et raisonnables, parce qu'elles allaient dans le bon sens, parce qu'elles étaient bénéfiques au pays et aux citoyens. Nul ne saura lesquelles en dehors d'eux et de moi. Le secret professionnel est sacré. Ceux qui ont lu mon livre *Pouvoir et Destin* savent que j'avais prévu ces lois et qu'elles ont été votées et appliquées. Je voulais dans ces pages souligner l'importance du voyant face au destin parallèle du consultant et rappeler son rôle face au destin du monde. Contribuer au bonheur des êtres humains, tel est le but de l'existence du voyant, le sens de son destin et la raison pour laquelle il bénéficie de son don. Le voyant, au service de l'humanité, se doit de lui faire partager la lumière de sa clairvoyance.

# 20

## Le destin parallèle du voyant

Celle ou celui qui reçoit en partage le don de voyance reçoit aussi la clé de son destin parallèle. La voyance est un destin. Celui qui en hérite peut l'accepter ou le refuser. Il doit intégrer dans sa vie sa différence, se plier à la loi qui fait de lui un précurseur. Les voyants existent depuis des siècles, mais plus l'ère du Verseau approche plus leur don s'amplifie car le Verseau sera l'ère de la médiumnité. Tous en seront pourvus, chaque homme, chaque femme à plus ou moins forte intensité. Chacun sera à même de guider seul son destin. Pour l'instant le fait d'être un clairvoyant est un destin parallèle, le destin parallèle du médium. Il faut comprendre ce qu'est la voyance. Je pense à une anecdote de Tristan Bernard. L'écrivain se rend chez une voyante. Il frappe à sa porte et s'entend demander : « Qui est là ? » Il n'entre pas, en murmurant : « Qu'est-ce donc que cette voyante incapable de savoir qui frappe à sa porte ? » Et de rire. Ceux qui connaissent la voyance savent qu'en aucun cas elle ne se situe à un niveau aussi bas. Le voyant n'est pas en mesure de savoir qui frappe à sa porte. Ce n'est pas de cela qu'il s'agit. L'excuse de Tristan Bernard est qu'il a voulu être drôle à défaut d'être vrai. En revanche, il est exact qu'un voyant digne de ce nom ne lancera pas dans une conversation une réplique du type : « On ne sait jamais », car pour lui les voies du destin ne sont pas impénétrables. Lui, justement, sait. Même s'il ne sait pas à cent pour cent, il en sait assez pour ne pas avoir à prononcer une phrase aussi dilatoire. Être voyant, c'est avoir la prescience à chaque moment de la vie de ce qu'il faut faire ou ne pas faire, de ce qui peut arriver ou de ce qui n'a aucune chance de survenir. L'incertain n'existe pas pour le voyant. Il réussit à vaincre la marge d'incertitude enfouie au tréfonds de son esprit. Le doute n'agit pas sur lui car il est assuré de sa journée. Le voyant est privé de l'effet de surprise. Il conduit différemment sa vie.

Un exemple me vient à l'esprit. Quand je suis au volant de ma voiture, je ne cherche jamais une place pour me garer. Je sais que je vais pouvoir aller à tel endroit, dans telle rue parce que la place sera libérée au moment où je passerai. Il me suffit d'un peu de patience, de réflexion, et l'image de la place libérée se forme dans mon esprit. Je vais droit au but. Exemple anodin. Je pourrais en citer d'autres qui aident à comprendre comment la vie du voyant est facilitée par son don. Ainsi des réservations d'hôtel. Je décroche le téléphone pour réserver une place d'hôtel. On me répond que c'est complet, je sais que c'est vrai car je suis assez connu pour qu'on ne me mente pas. Je ne réserve pas ailleurs. Je sais que j'aurai une place dans cet hôtel. Il me suffit d'attendre une heure ou deux, de rappeler. Quand je repose la question parce que je vois que quelqu'un d'autre a annulé sa réservation, la secrétaire me confirme qu'une chambre vient de se libérer de façon imprévue. Ainsi des places d'avion, de théâtre ou de restaurant.

Je vis avec mon radar personnel. J'agis en fonction de lui. Je peux changer de trajet, de programme
ou d'itinéraire à chaque instant de la journée de
façon à réussir ce que j'entreprends. Je suis privilégié mais il est vrai que vivre avec moi, c'est accepter
de changer de programme. Cela peut être parfois
difficile pour ceux qui m'entourent. Posséder un
sixième sens est un avantage mais c'est aussi subir
les inconvénients et les contraintes inhérents à ce
don. Mon don de voyance est un destin parallèle, le
destin qui sera plus tard celui de tous les hommes.
Nous autres voyants sommes des mutants et il nous
faut accepter le bon et le moins bon de notre état.

Le voyant qui détient un destin parallèle, qui en a
eu connaissance très jeune (pour moi, je l'ai découvert dès l'âge de sept ans), ne peut-il ajouter à ce
premier destin parallèle d'autres pouvoirs? C'est
vrai, et il dépend de chacun d'entre nous d'avancer
sur d'autres chemins. L'homme doué d'un sixième
sens, et dont la foi et la vie spirituelle sont intenses,
peut développer en lui des capacités annexes. Il m'a
été donné d'être en mesure d'écrire des livres pour
informer le public. Je peux ainsi partager mes
visions sur l'avenir du monde avec un plus grand
nombre d'hommes et de femmes. Je peux leur faire
comprendre ce qui est possible ou impossible à
l'intérieur de la voyance. Je les aide à faire le point à
travers la dizaine d'ouvrages que j'ai publiés. Je suis
capable de faire découvrir à une multitude qui ne
franchira jamais la porte de mon cabinet ce qui est
vrai, ce qui est faux, ce qu'il faut croire, ce qu'il faut
rejeter.
   Écrire, c'est toucher un large public qui n'aurait
ni le loisir ni l'opportunité ni le désir de consulter le

voyant mais qui ressent le besoin de s'informer de ses prédictions. Nombreux sont ceux qui ont besoin de l'opinion du voyant pour être éclairés dans leur marche à tâtons à travers les méandres du destin.

Si j'évoque mes activités parallèles, je ne veux pas passer sous silence mon combat pour la paix. J'ai entrepris des voyages, j'ai donné des conférences pour faciliter la paix dans le monde. J'ai dit que je voulais mériter le titre de « pèlerin de la paix ». Je continue aujourd'hui à expliquer à travers différents pays du globe quelles sont les routes de la paix. Mon objectif est de réduire les sources de tension qui sont à l'origine des conflits nationaux et internationaux. Ma profession de foi, celle du pèlerin de la paix est publique. Je la poursuivrai ma vie durant, car elle est ma raison de vivre. C'est elle qui me tient à cœur. De multiples obstacles se dressent devant moi. Certains me sont volontairement opposés, car ceux qui ont des responsabilités gouvernementales n'acceptent guère qu'un voyant, fût-il célèbre, vienne leur parler de la paix. Mes capacités de voyance me permettent de donner mon avis sur la paix, d'expliquer aux dirigeants comment ils pourraient engager leurs pays dans un processus de pacification. Mon don de médium est mon passeport. Il est en outre de mon devoir d'accomplir ma mission, d'œuvrer dans le sens de la paix.

Être voyant et connaître son destin, c'est avoir le pouvoir d'éviter certains écueils. C'est peut-être là qu'intervient le destin parallèle en ce qui concerne la maladie ou la mort. Connaître la date de sa mort ou sa date probable est très important pour ceux, dont je suis, qui croient à la réincarnation. Informé, il est possible de modifier la trame du destin, même celle du destin parallèle, en contrôlant les actions qui peuvent nous conduire à la disparition. Moi, qui sais que ma mort sera provoquée par un infarctus, je suis en mesure de contourner le destin. Il m'a suffi d'apprendre à me nourrir, de vivre d'une manière différente, de savoir me soigner en utilisant l'aide de la science mais en pratiquant les méthodes naturelles, en sachant me protéger, en essayant aussi d' « être miraculé ». Certains souriront à ce mot de miracle. Moi, j'y crois.

Ceux qui ont lu mes livres précédents savent que j'ai bénéficié du soutien de plusieurs guides spirituels. C'est vrai. Guides spirituels que je n'ai pas connus. D'autres que j'ai rencontrés et connus de leur vivant. Il y a parmi eux des personnalités célèbres dont on se souvient. J'ai approché en 1958 le pape Jean XXIII lors de sa visite officielle à Lourdes en tant que représentant du pape Pie XII, alors qu'il n'était que le cardinal Roncalli. Je lui ai annoncé qu'il serait le prochain pape. Je l'ai retrouvé à Rome alors qu'il était devenu le pape Jean XXIII. C'était un homme à la foi exemplaire et à l'exceptionnelle bonté. Il fut l'un de mes guides spirituels. Un autre être d'exception a guidé ma vie, le Padre Pio. Ce saint moine, stigmatisé, vivait à San Giovanni Rotondo où il repose depuis sa mort en septembre 1968. J'ai été proche de lui de son vivant, car je me suis rendu à San Giovanni Rotondo pour écouter ses conseils au début de ma carrière. Je lui ai demandé si j'avais un don de voyance. Je voulais être sûr que je pourrais aider mes frères, que j'étais sur la bonne voie. Je suis allé à sa rencontre, le cœur plein de foi. Un tel pèlerinage ne s'entreprend pas sans la foi. Le Padre Pio m'a rassuré sur ma vocation et, fort de cet encouragement, j'ai poursuivi la route qui m'était tracée. Cet homme a été l'un des phares de ma vie.

Mon existence m'a fait rencontrer bien d'autres guides spirituels. Il y a plus de vingt ans, j'ai appris que sainte Rita avait vécu et reposait à Cascia, au centre de l'Italie. Je m'y suis rendu à plusieurs reprises. A chaque fois, j'ai été bouleversé de constater qu'au lieu même où elle repose et aux endroits où elle a vécu, son magnétisme se fait encore sentir. Le visiteur sensible constate l'influence d'ondes bénéfiques dans son corps et dans son âme, comme si la sainte était présente en ces lieux. Ce n'est pas toujours le cas, car les âmes voyagent. L'âme de sainte Rita voyage elle aussi, mais Cascia vibre d'une atmosphère très particulière. Je crois aux miracles.

Au cours de l'année 1985, j'ai commencé à souffrir de troubles cardiaques et coronariens que je m'étais prédits vingt-cinq ans plus tôt. Plusieurs examens médicaux réalisés à la Salpêtrière, notamment par l'éminent professeur qu'est le docteur Grosgogeat, ont révélé que je souffrais d'une insuffisance coronarienne typique, qui entraînait ce que l'on appelait autrefois l'angine de poitrine et pour laquelle il faudra un jour ou l'autre – sans doute très bientôt – en venir à une intervention chirurgicale à cœur ouvert. Cette défaillance physique me troublait beaucoup, d'autant que cela se passait un mois à peine avant la date de mon émission chez Michel Drucker à « Champs-Élysées », le 13 avril 1985. J'étais prêt à m'y rendre mais le professeur ne savait quelle décision prendre. Serais-je ou non capable de supporter physiquement le trac et le stress impliqués

par une émission publique de cette importance?
J'étais malade, mais je travaillais quand même car
mes facultés n'ont jamais été altérées par mes ennuis
cardiaques.

Je continuais à faire confiance au traitement du
professeur Grosgogeat en rejetant l'idée que je pourrais être un jour hospitalisé. J'ai fait cette émission
avec Michel Drucker, puis, pendant l'été, attendant
une opération ou une hospitalisation éventuelles, je
suis parti à Cascia me recueillir auprès de sainte
Rita. Les quelques personnes qui connaissent cet
endroit savent que ce repaire montagneux aux chemins escarpés est accessible en voiture mais très
difficile à atteindre à pied. Or, à l'intérieur du
village, il faut marcher. Je suis entré dans cette
église de Cascia que je connaissais depuis longtemps
et je suis resté un quart d'heure ou vingt minutes
dans cet endroit béni à méditer en communication
avec l'âme de sainte Rita. J'étais si troublé que j'en
avais oublié jusqu'au nom de mes artères malades
que je ne pouvais même plus prononcer en pensée.
C'est là que j'ai entendu une voix, celle de sainte
Rita, qui s'adressait à moi en italien car je parle
couramment l'italien. Cette voix me disait : « Tu
vois, tu as oublié le nom de tes artères malades. Tu
n'es plus malade. » En pensée, je protestai car je ne
pouvais croire à un miracle spontané. Je sortis de
l'église. Derrière l'abside une petite rue descend en
pente très raide. Elle mène aux magasins de souvenirs et à un hôtel-restaurant où j'avais envie de
m'asseoir pour me rafraîchir car la chaleur devenait
lourde. J'ai descendu la pente escarpée et abrupte
sans penser qu'il me faudrait la remonter un peu
plus tard. Chaque fois que je devais grimper, escalier
raide ou pente, j'étais obligé de prendre un
comprimé de trinitrine, stimulant cardiaque qui

permet d'accomplir l'effort nécessaire. Sans médicament, j'étais immédiatement bloqué par une barre qui me traversait la poitrine, par des douleurs dans les mâchoires qui m'arrêtaient et m'obligeaient à prendre mon médicament. Ce jour-là, après m'être rafraîchi, j'ai remonté la pente descendue une demi-heure auparavant sans avoir besoin de médicament, à une allure assez vive. Je me sentais si bien que j'avais complètement oublié mes malaises habituels. Je n'y pensais plus, et c'est Alexandre qui m'accompagnait qui m'a interrogé : « Mais ton cœur? Tes artères? » Je ne sentais rien. Je ne pensais plus ni à mon cœur ni à mes artères. J'étais guéri. De ce jour, mes douleurs cardiaques ont totalement disparu.

Je suis allé consulter le professeur Grosgogeat, d'autres médecins, d'autres cardiologues. Tous m'ont dit : « Vous êtes guéri, nous n'avez plus besoin d'une opération! » Ce voyage de l'été 1985 à Cascia a changé ma vie, ainsi que celle de mon entourage.

Voilà pourquoi je crois aux miracles. Je ne suis pas de ces cyniques qui haussent les épaules à ce mot. Ces incrédules refusent de voir et d'accepter les faits extraordinaires qui se produisent ou se sont produits et devant lesquels un esprit dépourvu de préjugés doit s'incliner.

On me répondra qu'un tour de pensée positif peut guérir. C'est vrai. Mais pourquoi ce miracle-là s'est-il produit dans l'église de Cascia? Pourquoi pas ailleurs, sans qu'il soit besoin pour moi d'accomplir un pèlerinage lointain et difficile? Sans doute, parce qu'il est vrai que l'homme doit se résoudre à certains sacrifices, à certaines démarches. Il ne doit pas imaginer que tout lui sera donné sans efforts. Il est bon de prier tous les soirs chez soi, mais faire l'effort du voyage, des contraintes, des complications qu'il comporte, est encore mieux. Sainte Rita qui m'a

sauvé par un miracle est l'un de mes guides spirituels. J'ai d'autres guides spirituels dont je ne peux
pas parler car ils appartiennent à mon univers
intérieur.


Après avoir évoqué certains privilèges du voyant,
je voudrais parler de ses rencontres. Elles ont lieu à
tout moment et partout, dans la rue, au cours d'un
repas, d'une réunion, d'une réception. Les curieux
ont toujours des questions à poser au voyant dont on
est l'hôte aussi bien qu'au voyant rencontré par
hasard et qu'on reconnaît. C'est normal, c'est
humain. L'énergie qui m'habite n'est pas insensible
aux énergies émises par les gens que je côtoie, par
ceux qui viennent me consulter. Je bénéficie invo-
lontairement du magnétisme des autres : je me
recharge à leur contact. Cette capacité née de la
voyance me permet de vivre des contacts humains
uniques. C'est un privilège dont je suis heureux.
Chacun possède ses propres forces énergétiques. Il
est vrai qu'il y a des forces positives et des forces
négatives. Il m'appartient de ne pas me laisser
détruire par ceux qui portent en eux des forces
négatives. Leur nombre est restreint. D'une part,
parce qu'il y a effectivement peu d'êtres négatifs sur
cette terre, d'autre part, parce que la plupart de mes
consultants sont positifs. Je détecte trop vite ceux
qui portent des fluides négatifs pour qu'ils aient
envie de me consulter et je me charge de leur dire
de quitter la pièce.
    Je demeure presque toujours en communication
avec mes consultants. Pour employer une image
simple, je dirai que je suis sur la même longueur
d'onde qu'eux. J'émets de l'énergie, elle se dégage
de moi pour faire place aux images liées au destin de

tel ou tel consultant ou aux images indicatrices de la direction qu'il doit prendre. Pendant ce temps, mon énergie reste en osmose avec la sienne et se recharge à son contact. Je ne lui enlève rien puisque l'énergie se répercute dans l'espace. Nous nous rechargeons mutuellement en énergie positive. Pour que cette transmission puisse s'effectuer, il est indispensable que pendant le temps de la consultation, quand nous nous concentrons ensemble sur ses problèmes, le flux énergétique passe entre nous. Nous établissons une communication durable sur une longueur d'onde qui nous sera personnelle et dont l'intensité représente à elle seule un privilège. Au cours d'une même journée je passe des moments différents avec des êtres différents qui ont quelque chose en commun : ils se sont donné rendez-vous dans mon cabinet pour une même raison, y voir plus clair dans leur destin. Ces rencontres sont curieuses car les gens qui ont appelé le même jour pour prendre rendez-vous à la même date ont en général un point commun. Soit ils appartiennent au même signe astrologique, soit, et c'est le cas le plus fréquent, ils ont un problème similaire. Ainsi, en raison de ce phénomène, chacune de mes journées est consacrée à un problème spécifique.

J'ai aussi rencontré parfois, au cours de ma carrière, des gens qui avaient ce que j'appellerai des « mains de lumière », c'est-à-dire des mains ayant un pouvoir guérisseur, qui dégagent suffisamment de flux magnétique pour apaiser les douleurs d'autrui et même les guérir. Chaque fois que je constate un don de cette nature, je le révèle à mon consultant. Mes révélations ont permis à beaucoup de faire l'expérience de leur pouvoir et de constater qu'ils

étaient capables de guérir ceux qui souffrent en leur
imposant les mains. Il est important de répéter que
ces gens-là ont comme le voyant un destin parallèle.
Ils seront plus nombreux à l'ère du Verseau. De nos
jours, ils sont déjà plus nombreux que le public ne se
l'imagine. Mais ils ignorent souvent le don qu'ils
possèdent. Les magnétiseurs doivent avoir le courage de croire en leur don et de s'en servir. Il suffit
d'essayer auprès de ses amis, auprès des membres de
sa famille. Cela permet de voir si en imposant les
mains pendant une dizaine de minutes la douleur
disparaît ou non. Comme je recharge mon énergie
auprès de mes consultants, un magnétiseur recharge
la sienne quand il impose les mains. Chaque expérience qu'il fait renforce son magnétisme. Plus il
utilisera son don, plus il le développera. Il est
indispensable d'en être conscient. Plus on magné-
tise, plus on développe son propre magnétisme.
Ceux qui ont le courage de développer leur don
doivent devenir un jour utiles à la société.

Tout au long de ma carrière, en côtoyant ou en
rencontrant des êtres doués de magnétisme, je bénéficie de leur don sans qu'ils aient besoin d'appliquer
les mains sur mon corps. Simplement parce qu'ils
sont face à moi. Je sens, je capte, j'utilise la radiation
bénéfique qu'ils émettent. Mon don de voyance me
permet de vivre une existence privilégiée, car je suis
à même de vivre à chaque instant les possibilités
offertes par mon destin parallèle.

# 21

## Les croisés du destin
## Cent soixante orphelins
## autour du monde
## avec Mario de Sabato

Les gouvernements doivent nommer des ministres de la Paix. Je l'ai réclamé dans mon livre *Les Manipulateurs du destin* et rien ne m'empêchera de le proclamer, de le crier, puisque tous les pays du monde continuent de se doter de ministères de la Guerre ou de la Défense nationale, alors qu'ils ont davantage encore besoin de ministères de la Paix.

En mai 1983, j'ai donné une série de conférences au Canada, où j'ai participé à plusieurs entretiens télévisés. La même question revenait à la fin des débats : « Comment pouvons-nous vous aider à mener votre combat pour la paix ? »

Ma réponse n'a jamais varié, c'est autour d'elle que je construis cet ultime message : « Si vous voulez m'aider, rassemblez-vous devant les palais présidentiels, devant les sièges de tous les gouvernements et demandez dans le calme, le silence et la dignité, la création d'un ministère de la Paix, la nomination d'un ministre de la Paix... » Ce sera le premier pas, le premier geste. Il est simple, il est facile à faire et il sera riche de conséquences.

Voilà ce que j'écrivais dans *Les Manipulateurs du destin*. Après la parution de ce livre j'ai reçu des milliers de lettres. Mes correspondants me demandaient que faire pour m'aider de façon plus concrète. Ils me poussaient à entreprendre cette campagne pour la paix que j'ai tant souhaitée. Ils m'encourageaient à le faire avant qu'il ne soit trop tard. J'ai confiance en mon destin, ainsi qu'en les opportunités de destin parallèle que m'offre le public. J'ai attendu le signe favorable. Et quelque chose est arrivé en effet. Le 20 août 1986, Jacques Chancel au cours du « Grand Échiquier » a diffusé la retransmission du premier concert donné à Stockholm, en décembre 1985, par le World Philharmonic Orchestra, créé par Marc Verrière. Cet orchestre rassemble les meilleurs solistes mondiaux en un seul concert donné une fois par an dans une capitale chaque année différente. Ces représentations uniques sont patronnées et parrainées par des organisations philanthropiques. Le concert retransmis avait lieu en 1985 à Stockholm, en Suède. En décembre 1986, l'Orchestre philharmonique mondial a joué à Rio de Janeiro au Brésil. A la fin 1987, il ira au Japon et continuera à parcourir le monde en apportant le message de paix transmis par la musique. Il est dirigé chaque année par un chef d'orchestre différent, Carlo Maria Guilini en 1985, Lorin Maazel en 1986.

Rassembler les plus grands solistes du monde dans un seul orchestre, c'est rassembler les peuples. Je veux ici rendre hommage à Marc Verrière pour cette idée qui constitue un pas vers la paix. Stockholm n'a pas été choisie au hasard pour inaugurer cette série de concerts. C'est là en effet qu'est remis chaque année le prix Nobel de la Paix. Je regardais, j'écoutais, fasciné. Je sentais que l'homme qui avait eu cette idée devait partager mon amour de la paix et cet immense désir qui est le mien de faire quelque chose pour faire avancer les hommes vers cette aurore. Je ne le connaissais pas. Il me fallait faire confiance au destin parallèle. Le 22 août, soit deux jours après la retransmission, j'ai reçu une lettre de Marc Verrière. La coïncidence est frappante. Le texte disait :

*Cher Monsieur,*
*La chaîne d'amour qui va aider l'humanité à prendre vraiment conscience de son destin est en train de se forger grâce à votre appel et à celui de tous les êtres de bonne volonté dont l'écho résonne de plus en plus fort. Oui, il y a urgence et votre beau livre* Les Manipulateurs *du destin que je viens de lire l'explique admirablement. Puisse-t-il aider à éveiller les consciences. Ce que j'essaie de faire humblement chaque année, en réunissant sur un continent différent les solistes de tous les plus grands orchestres symphoniques du monde représentant actuellement environ une soixantaine de pays, ne suffit pas. Il faut, vous avez raison, multiplier à tous les niveaux les manifestations de paix par des actions qui éveillent l'attention des médias. Et j'ai été pour ma part frappé par votre idée de créer un ministère de la Paix, cette idée ayant par une silencieuse coïncidence spontanément germé dans mon esprit, il y a deux mois environ, avant même d'avoir eu connaissance de votre livre. Voilà pourquoi je souhaiterais vous rencontrer très vite, pour vous exposer un projet que je vais démarrer dans quelques semaines et dont le but final doit aboutir à la nomination d'un ministre de la Paix dans plusieurs pays. J'espère que vous recevrez rapidement cette lettre, car c'est vrai qu'il y a urgence.*
*En souhaitant avoir la joie de vous rencontrer bientôt, croyez, chez Monsieur, à mes meilleurs sentiments. Bien sincèrement.*

*Marc Verrière.*

Cette lettre constitue une preuve de la réalité de la
télépathie entre certains êtres. Un courant est passé
entre Marc Verrière et moi, transmettant à l'un les
idées de l'autre et réciproquement. Nous nous sommes rencontrés. J'ai agi car tout ce qui touche à la
paix m'est cher. Le 29 août, il venait me voir à
Mougins dans le Midi de la France et nous avons pu
parler ensemble de ce projet d'un tour du monde
pour la paix.

Nous allons réaliser son idée. Nous allons rassembler cent soixante enfants orphelins de guerre, victimes de la misère ou de la violence avec lesquels
Marc Verrière et moi-même ferons le tour du
monde, allant de pays en pays pour rencontrer
certains chefs d'État. Les enfants sont importants. Ce
sont eux les « croisés du destin » à qui il appartiendra de parler de la paix. Si nous avons fixé le nombre
d'enfants à cent soixante, ce n'est pas par hasard,
c'est parce qu'il y a à travers le monde environ cent
soixante pays. Nous emmènerons un enfant par
pays. Des enfants de tous les pays du monde, de
toutes races, de toutes les confessions, qui auront à
peu près le même âge. Nous apprendrons à ces
enfants à chanter. Ils formeront un chœur qui
chantera pour la paix. Nous partirons de Genève,
ville internationale appartenant à un pays neutre,
siège de la plupart des grandes organisations internationales à l'intérieur d'une Confédération qui ne
fait pas partie de l'ONU. L'avion dans lequel nous
voyagerons emmènera avec lui les organisateurs de
cette manifestation. Nous irons de capitale en
grande ville, à Paris, à Pékin, à Moscou. En Afrique,
nous irons sûrement à Abidjan ou à Librevillee, en
Amérique du Sud, au Brésil, à Rio. De là, en

Australie, sûrement à Sydney, et nous achèverons notre voyage aux États-Unis où nous le clôturerons par une fête qui aura lieu à Washington à la Maison-Blanche.

Tel sera dans ses grandes lignes notre pèlerinage de la paix qui se déroulera dans le courant de l'année 1987. Il durera approximativement vingt et un jour. Il sera accompli sans aucun but lucratif. Ce pèlerinage correspond à un élan des cœurs, ceux de ces cent soixante enfants et les nôtres. Il constituera la plus grande manifestation pour la paix qui aura eu lieu à travers le monde.

Je veux préciser ici que je ne crois pas aux divers mouvements pacifistes qui se sont créés à travers le monde et essentiellement en Europe. Les pacifistes qui manifestent à Paris, à Londres, à Bruxelles ou en Allemagne fédérale sont pour la plupart des militants manipulés qui ne cherchent qu'une seule chose : désarmer et déstabiliser les pays libres de façon à les livrer clés en mains à leurs ennemis potentiels. Je refuserai toujours de prendre part à une manifestation récupérée par un parti politique ou par un pays quel qu'il soit. J'assure que ce grand mouvement pour la paix auquel participeront cent soixante enfants de pays différents – ce qui ne s'est jamais vu, n'a jamais été fait – n'est lié ni de près ni de loin à aucune idéologie. Son but est de favoriser la paix à travers le monde et de prouver à l'humanité que cent soixante enfants peuvent contribuer à placer le monde sur l'orbite de son destin parallèle, où il en finira avec la violence, les guerres, les révolutions, le terrorisme. Le mal n'est pas une fatalité. Pourquoi ne pas faire campagne à travers le monde pour montrer et démontrer que le bien peut

être notre destin non seulement dans un lointain
futur mais dès demain?


   Depuis des années, j'ai voué ma vie à la paix. J'en
appelle à la paix à travers mes différents livres et lors
des émissions télévisées auxquelles j'ai eu la chance
de participer en France, comme dans d'autres pays.
Aujourd'hui, je veux aller plus loin, faire plus, et je
place toutes mes forces de croisé du destin et de la
paix, que je serai jusqu'à ma mort, dans ce pèlerinage pacifique qui contribuera à placer notre malheureuse humanité déchirée et sanglante sur la voie
lumineuse de son destin parallèle.

# Table

DEUXIÈME PARTIE
LA TERRE ET SON DESTIN PARALLÈLE

### TROISIÈME PARTIE
### A LA CROISÉE DES DESTINS

*Cet ouvrage a été réalisé sur*
*Système Cameron*
*par la SOCIÉTÉ NOUVELLE FIRMIN-DIDOT*
*Mesnil-sur-l'Estrée*
*pour le compte des Éditions Stock*
*en Avril 1987*

*Imprimé en France*
Dépôt légal : Avril 1987
N° d'édition : 4307 – N° d'impression : 6459

54-07-3660-01
ISBN : 2-234-02020-4